AF247717

LE SALUT

DE

LA FRANCE

Paris. — Imprimerie de E. DONNAUD, rue Cassette, 9.

LE SALUT

DE

LA FRANCE

ESSAI

SUR NOTRE ORGANISATION NATIONALE

PARIS

E. DENTU, LIBRAIRE-ÉDITEUR

PALAIS-ROYAL, 17 ET 19, GALERIE D'ORLÉANS.

—

1871

Tous droits réservés

LE SALUT

DE

LA FRANCE

ESSAI

SUR NOTRE ORGANISATION NATIONALE

CHAPITRE PREMIER.

CONSIDÉRATIONS GÉNÉRALES SUR LA SITUATION ACTUELLE DE LA FRANCE.

I

Cet écrit, fait par un homme du peuple, s'adresse au peuple. L'auteur n'est ni un orateur ni un publiciste; il admire un *beau* livre et écoute avec satisfaction un *beau* discours, mais *à priori* il se défie des *beaux* livres et des *beaux* discours, parce que la vérité veut être simple, et que le langage recherché ne semble créé que pour faire passer le paradoxe ou l'erreur, en échange du charme qu'il produit. C'est pourquoi ce travail, publié uniquement en vue du bien et de la vérité, sera présenté sous la forme la plus simple, sans nul artifice, de manière à se trouver à la portée de toutes les intelligences, de toutes les capacités.

Né dans les conditions les plus humbles de la société, l'auteur a marché lentement, mais sans interruption, à travers les difficultés inséparables de la vie d'un labeur honnête, pour arriver, quelques jours avant la vieillesse, à cette condition moyenne, qui n'est ni la richesse, ni la pauvreté, mais bien la modeste aisance où l'homme raisonnable, sachant proportionner ses besoins à ses ressources, est sûr de trouver la juste part de satisfaction et de bonheur qu'il soit légitime de souhaiter sur cette terre.

Il ne s'était jamais spécialement occupé de questions politiques ou sociales : l'accomplissement des devoirs de sa charge, des études scientifiques et le soin de ses affaires personnelles avaient jusqu'à présent absorbé son temps, son activité, son intelligence.

Les douloureux événements qui viennent de s'accomplir sous ses yeux ont changé, pour l'instant, le cours de ses idées et de ses travaux habituels. Après une étude approfondie des gouvernements qui se sont succédés en France depuis un siècle, étude faite sans bruit, sans opinion préconçue, sans parti pris, sans préférence, c'est-à-dire avec une indépendance entière, il est arrivé, à l'égard de l'organisation administrative du pays, à un ensemble d'idées constituant un système complet, qu'il croit bon et pratique. Il vient donc humblement aujourd'hui, et sans autre but que celui de remplir un devoir et d'être utile, soumettre le fruit de ses méditations au jugement du public, directement et hautement intéressé à la solution du grave problème dont s'agit.

A *priori*, l'auteur n'est pas républicain ; il n'est pas non plus monarchiste et il ne peut comprendre qu'on soit orléaniste ou bonapartiste. Il est Français et homme de principes : à ce double titre, il est d'avis, comme tout bon patriote, qu'il faut être Français avant d'être homme de parti, qu'il importe de faire passer le fond avant la forme, les administrés avant les administrateurs, le peuple avant le gouvernement.

S'il croit devoir garder l'anonyme, ce n'est point parce qu'il craint de dire la vérité ou qu'il n'a pas le courage de ses opinions ; car la vérité est son premier principe, et quand son opinion, mûrie, est arrêtée, il la soutient avec déférence mais hautement, même au risque de déplaire. Son nom, d'ailleurs, également inconnu en politique et en économie sociale, n'ajouterait ou n'ôterait rien au mérite, sans doute très-limité, d'un travail qui ne cache aucune arrière-pensée d'ambition personnelle.

II

La France vient de s'effondrer avec un fracas et une rapidité sans exemple. Ne récriminons pas; n'accusons directement personne; la France entière est coupable. Dieu donne aux nations la liberté de se conduire. Néanmoins, quand elles s'égarent et qu'il veut les sauver, il cherche à les ramener dans la bonne voie par des moyens imprévus dont les hommes ne sont guère que les instruments.

Depuis 1790, la ruine de la France se préparait lentement, insensiblement, mais sans relâche; chaque gouvernement faisait sensiblement sa brèche à l'édifice social, et le moment était venu où l'édifice, miné dans sa base, vermoulu dans son ensemble et n'ayant plus de la solidité et de la splendeur que l'apparence, s'est écroulé, au premier choc, comme un château de cartes.

Or, Dieu qui aime toujours la France malgré ses faiblesses, a voulu la châtier pour la sauver. Un avertissement ordinaire eût été insuffisant; il fallait, pour lui ouvrir les yeux, un châtiment de nature à étonner le monde; pour le lui infliger, il a choisi les barbares du dehors et les barbares du dedans, et il a frappé d'aveuglement les hommes chargés de la résistance. La crise a été violente; aucune épreuve qu'elle n'ait subie! on la voit dans la stupeur qui suit les plus graves convulsions; mais elle n'a pas succombé; elle est à deux doigts de la mort, mais Dieu lui a conservé les éléments de la vie. Elle périra fatalement si, malgré cet avertissement, elle continue de suivre la mauvaise pente où elle s'est engagée; elle peut renaître, au contraire, et reprendre, dans le monde, avec une force et une puissance nouvelles, son rôle providentiel, si, éclairée par ses erreurs passées, elle a le courage de reconnaître humblement les causes de ses désastres et d'employer hardiment les moyens propres à les réparer.

On met trop volontiers sur le compte de l'incapacité, de la vanité, de l'ambition personnelle, la situation actuelle de la France. L'ambition, la vanité et l'incapacité n'en sont que les causes immédiates ; elles-mêmes semblent le résultat de causes plus essentielles, plus générales, plus profondes, plus éloignées ; car s'il est vrai que les gouvernements changent les mœurs, qu'ils élèvent ou abaissent les nations, il n'est pas moins vrai que les peuples ont les gouvernements qu'ils méritent, et qu'en définitive les gouvernements font ce que veulent les peuples quand les peuples, capables de vouloir, savent bien ce qu'ils veulent.

La légèreté de caractère et l'esprit de changement, l'imprévoyance et l'irrésolution, l'irréligion et l'immoralité, l'égoïsme et la soif des richesses, le dédain de la liberté et l'amour de la licence, le mépris de la loi et la tendance au servilisme, la substitution des expédients aux principes, l'incompétence mise à la place de la capacité, les responsabilités déplacées ou supprimées, la confusion administrative et l'absence de contrôle effectif, la vanité générale qui pousse chacun à se croire en état de résoudre les questions qu'il connaît le moins, l'amour effréné du *fonctionnarisme* et l'absence d'initiative privée, l'aveuglement ou le parti pris de fermer les yeux à la lumière, une confiance aveugle dans les promesses insensées des utopistes, la foi naïve des honnêtes gens et l'habileté des charlatans à l'exploiter ; telles sont les causes premières, plus ou moins éloignées, qui ont préparé nos malheurs actuels ; malheurs dont personne n'est absolument responsable, mais dont personne n'est tout à fait innocent. Tout le monde le sait ; on ne saurait cependant trop le dire ni l'affirmer, car faire connaître les vraies causes d'un désastre, c'est indiquer les moyens propres à le réparer ou à en prévenir le retour.

III

Dieu a fait de la France une grande, riche et généreuse nation. Elle n'est pas sans défauts, mais elle a aussi ses qualités, et mieux que toute autre, elle possède en soi tous les éléments de la vie, de la richesse et de la grandeur.

Nous venons d'énumérer sommairement les causes principales de sa chute; il nous reste à examiner quels sont les moyens les plus propres à la relever de ses ruines, à la remettre en possession de l'influence providentielle qu'elle n'a perdue, nous osons l'espérer, que momentanément.

Cette tâche sera plus longue et plus complexe que difficile ; car, pour la mener à bonne fin, il suffit de ne pas perdre de vue que toutes les branches d'une administration, quelque vaste qu'elle soit, se tiennent et se commandent ; que le même principe fondamental doit se retrouver au fond de chacune d'elles ; que dans toute institution solide, l'intérêt des administrateurs doit être subordonné à l'intérêt général des administrés ; qu'enfin, dans l'espèce, le gouvernement de la France doit être organisé pour le peuple et non le peuple pour le gouvernement.

Mais, avant d'aborder de face le cours de la question, pour en faire saisir plus facilement les détails et pour prévenir toute équivoque, il convient de bien préciser le sens réel des mots : *Liberté* et *Despotisme*, *Egalité* et *Fraternité*, *Révolution* et *Réforme*, *Suffrage universel*, *Peuple* et *Gouvernement*, *République* et *Monarchie*, mots qu'on emploie trop souvent sans les comprendre, dont les utopistes et les intrigants abusent sans cesse, afin de mettre en pratique, les premiers leurs utopies irréalisables, les seconds leurs criminels desseins.

CHAPITRE DEUXIÈME.

CONSIDÉRATIONS GÉNÉRALES SUR LES MOTS : *Liberté* et *Despotisme.* — *Egalité* et *Fraternité.* — *Révolution* et *Réforme.* — *Suffrage universel.* — *Peuple* et *Gouvernement.* — *République* et *Monarchie.*

I. *Liberté.*

La *liberté* est cette faculté naturelle que l'homme tient de Dieu, de pouvoir faire sans obstacle de la part de personne, ce qui n'est contraire ni aux lois ni aux mœurs du pays. Tous les peuples y ayant un droit égal, leur devoir est de revendiquer ce droit dès qu'on le leur refuse ou conteste.

Dieu a créé l'homme libre et lui a donné l'intelligence pour user de sa liberté. Sans la liberté, l'homme ne serait qu'un esclave ou le serviteur d'un tyran ; mais prenons-y garde : la liberté n'est pas la licence ; l'usage n'en est pas l'abus ; l'abus toutefois en côtoie de bien près l'usage ; aussi ne faut-il jamais oublier, en fait de liberté, qu'à côté de la liberté individuelle se trouve la liberté sociale ou la liberté du voisin, qu'il faut toujours respecter.

Il y a la liberté *vraie* et la liberté *fausse*, la liberté *réelle* et la liberté *apparente*, et le peuple ne doit pas perdre de vue qu'en général ceux qui lui parlent le plus de liberté, sont de faux libéraux, pour lesquels le mot n'est qu'un prétexte pour arriver plus aisément au despotisme qu'ils convoitent. Tout ce qui se passe journellement autour de nous est une preuve vivante de cette assertion : l'institution de l'Empire et sa déchéance, la proclamation de la République, la dissolution du Corps législatif et du Sénat, les insurrections du 31 octobre et du 18 mars, le renvoi des conseils généraux et municipaux, l'ostracisme de telle ou telle catégorie de citoyens, la révocation des magistrats inamovibles, les décrets de la Commune de Paris, arrestations illégales, réquisitions arbitraires, démolitions, incendies, pillage organisé, l'arbitraire et la tyrannie mis partout à la place des lois ; voilà la liberté comme entendaient la pratiquer, une fois arrivés au pouvoir par la surprise et le mensonge, les factieux qui vous séduisaient, vous égaraient au nom sacré de la liberté !

C'est le Christ qui a révélé la liberté à l'homme : comme la France est la fille aînée de l'Église chrétienne, il est juste qu'elle soit la première à jouir de la plénitude de la liberté, véritable phare de tous les progrès humains.

La liberté ne doit avoir d'autre limite que les lois et les mœurs ; lui assigner une autre barrière, ce serait l'anéantir et revenir au despotisme.

Ainsi comprise, la liberté n'est pas un danger pour la société, à la condition d'avoir de bonnes lois, de les appliquer avec intelligence et de les exécuter avec rigueur. Seule base solide de notre édifice social, il importe qu'elle se retrouve au fond de toutes nos institutions. Si elle faisait défaut dans une seule, l'édifice, manquant d'harmonie, ne serait qu'un nouvel expédient de passage.

II. *Despotisme.*

Le despotisme est l'opposé de la liberté. Celle-ci représente le droit, et le despotisme la force, sans autre garantie que le bon vouloir du despote.

Le despotisme est *direct* ou *indirect* : *direct* lorsque le despote, se mettant franchement au-dessus des lois, dit sans détour à ses sujets « le droit c'est moi ; » *indirect* lorsqu'il est plus ou moins habilement déguisé sous le manteau de la liberté. Le premier est l'apanage des peuples qui ne connaissent pas encore les bienfaits de la liberté ; le second celui des peuples abâtardis qui ont cessé d'en être dignes.

III. *Egalité.*

C'est un mot à double sens que la démagogie révolutionnaire invoque sans cesse au profit de ses détestables penchants, pour exciter le pauvre contre le riche, le petit contre le grand, le bas employé contre le haut fonctionnaire, le soldat contre l'officier, le serviteur contre le maître, l'ouvrier contre le patron, le prolétaire contre le propriétaire, en un mot celui qui possède moins contre celui qui possède plus.

Il y a deux sortes d'égalités. L'une—l'égalité devant la loi—naturelle, vraie, juste, morale, logique, rationnelle, pratique, inséparable de la liberté qui lui sert de base, nécessaire à la civilisation et au progrès. A la seule condition de se conformer aux lois et aux mœurs du pays, cette égalité permet au pauvre de s'enrichir, à l'ouvrier de devenir patron, au soldat de devenir général, au bas employé de devenir haut fonctionnaire, à chacun de choisir sa carrière, de changer de condition, de s'élever ou de s'abaisser au gré de son intelligence et de ses aptitudes personnelles. L'autre — l'égalité des fortunes, des conditions et des salaires, — fausse, injuste, immorale, illogique, irrationnelle, artificielle, fondée sur le despotisme et la licence, impossible en pratique, est une utopie insensée, une monstruosité, la plus atroce des absurdités, une tyrannie, le plus audacieux prétexte pour consommer la ruine et la mort des nations.

La richesse et la pauvreté sont une nécessité inhérente à la nature même de l'humanité ; car sans la faculté de s'enrichir et de s'élever au-dessus des autres, l'homme ne serait éternellement qu'une brute, condamné au même genre de travail que tous ses semblables et à pourvoir par lui-même à tous ses besoins. L'idée de l'égalité des conditions, des fortunes et des salaires ne peut germer et fructifier que dans la tête d'un fou ou d'un scélérat. L'égalité devant la loi, sans privilége pour personne, voilà l'égalité humaine, la seule égalité que l'homme le plus exigeant ait le droit de revendiquer.

L'inégalité des salaires, des conditions et des fortunes, de même que l'inégalité des intelligences et des aptitudes, est une loi de Dieu ; le travail veut être rémunéré selon sa valeur ; celui qui exécute machinalement ne saurait être payé comme celui qui dirige ou qui conçoit, le mauvais ouvrier comme le bon, l'ouvrier paresseux comme l'ouvrier laborieux. Le niveau s'établirait-il aujourd'hui entre tous les habitants d'un pays, qu'il n'existerait déjà plus demain, parce que l'homme est un être intelligent, que le niveau n'existe ni dans les intelligences ni dans les aptitudes et qu'il n'est pas au pouvoir de l'homme de l'y établir.

La richesse et la pauvreté sont une question d'intelligence, de liberté, de temps, d'aptitude, de travail, d'ordre et d'économie et nullement une question d'égalité. Toute famille riche a commencé par être pauvre, et il n'y a pas de famille pauvre qui, avec du temps, de l'intelligence, de l'aptitude, du travail, de l'ordre et de l'économie, ne puisse devenir riche.

Où serait la liberté humaine sans la division du travail, sans la faculté de choisir sa profession selon sa vocation et ses aptitudes, s'il n'était pas permis à l'homme intelligent et laborieux de s'élever au-dessus des paresseux et des imbéciles ? La liberté ne serait qu'un vain mot et l'homme qu'une bête ! Et encore certaines bêtes s'élèvent-elles au-dessus de leurs semblables !

Toutes les aptitudes existent dans la nature et toutes les professions sont nécessaires pour subvenir efficacement aux besoins de l'humanité ; mais tous les êtres humains ne possèdent pas l'aptitude nécessaire pour arriver directement à la fortune ou pour conserver celle qu'ils tiennent d'un héritage. Que deviendrait celui qui ne sait ni acquérir ni conserver, c'est-à-dire le pauvre, s'il n'y avait pas de riche, l'ouvrier s'il n'y avait personne pour le faire travailler ou écouler les produits de son travail, le serviteur s'il n'y avait pas de maître ? Ce serait pire que le chaos, que la misère universelle ; ce serait la mort du génie et de l'humanité !

Peuple laborieux et honnête, repoussez, comme des fous ou des scélérats, ceux qui cherchent à vous agiter au nom de l'égalité des fortunes, des conditions ou des salaires ; ils s'abusent eux-mêmes ou ils vous trompent indignement ! L'honnête homme pauvre repousserait cette égalité chimérique, parce que, en le condamnant à l'immobilité perpétuelle, elle lui enlèverait jusqu'à l'espérance de s'élever par le travail, l'ordre et l'économie.

L'égalité absolue devant la loi, avec la liberté de l'offre et de la demande, avec la transmutation libre des conditions et des fortunes, voilà l'égalité vraie, l'égalité des honnêtes gens, la seule égalité compatible avec la nature humaine. Celle-là, nous la voulons tout entière, nous la réclamons comme vous et plus énergiquement que vous, parce qu'elle est nécessaire au libre essor du génie de la France. Elle n'est le monopole d'aucune forme de gouvernement : créée par Dieu, elle s'accommode aussi bien à la république qu'à la monarchie et à la monarchie qu'à la république.

IV. *Fraternité.*

Fraternité veut dire *amitié, paix* et *concorde*. La démagogie, pour exploiter le peuple, se sert constamment du mot sans l'intention de pratiquer la chose, car la discorde, la haine et la vengeance sont le symbole de toute faction révolutionnaire.

Le Christ a dit aux hommes : « Aimez-vous les uns les autres ; ne faites pas à autrui ce que vous ne voudriez pas qu'il vous fût fait ; faites pour les autres ce que vous voudriez qu'on fît pour vous. »

La fraternité humaine se résume tout entière en ces quelques paroles que Dieu lui-même nous a révélées, et que les faux gouvernements s'empressent d'inscrire sur leur drapeau, sans la mettre en pratique. Il n'y a de vraie fraternité que celle fondée sur la liberté et l'égalité ; celle-là n'est pas le monopole de telle ou telle forme de gouvernement, et cette sublime devise « *liberté, égalité, fraternité,* » dont tous les révolutionnaires parlent beaucoup et qu'ils pratiquent si peu, figurerait aussi bien sur le drapeau de la monarchie que sur celui de la république, sur le drapeau de la république que sur celui de la monarchie, à la condition expresse que la monarchie et la république fussent réellement libérales.

V. *Révolution* et *réforme.*

Il ne faut pas confondre, comme on le fait trop souvent, les mots *réforme* et *révolution :* il y a entre eux la même différence qu'entre les mots *légalité* et *illégalité, droit* et *force.* Les réformes sont les changements qui s'opèrent, dans un pays, légalement, lentement, progressivement, sans secousses, par le consentement libre et réciproque du peuple et du gouvernement, tandis que les révolutions sont les changements brusques, violents, illégaux, de vive force, imposés aux peuples par le chef de l'État ou par une faction populaire. En d'autres termes, la réforme est le changement légal ou libre ; la révolution le changement illégal ou forcé ; les réformes sages constituent le progrès, les révolutions, au contraire, amènent la décadence.

Tous les gens sensés sont amis des réformes ; seuls les ambitieux et les intrigants sont révolutionnaires : ces derniers, pour mieux séduire et égarer le peuple, déguisent leurs desseins sous le masque d'utiles réformes.

VI. *Suffrage universel.*

Le système électif est loin d'être un système nouveau. Dans la primitive Église, les évêques étaient élus, puis consacrés ; au moyen âge, de grandes cités, telles que Florence, Pise, Gênes, Hambourg, Strasbourg, Francfort, Metz, Barcelone, etc., échappées au despotisme de la féodalité et régies par un pouvoir épiscopal qui influait sur elles sans les dominer, se sont maintenues, par ce système, indépendantes pendant plusieurs siècles. Leurs magistrats étaient élus par le suffrage direct, mais le nombre des électeurs était limité ; il y avait, en chaque ville, un certain nombre de familles électorales, dont les chefs appartenaient à chaque classe, à chaque corps de métier, nommant, au scrutin secret, le chef municipal ou président de la République ainsi que son conseil, lequel élisait à son tour les divers magistrats secondaires, même le chef de l'armée.

Le principe de ce suffrage partiel était bon ; mais ses exercices étaient généralement faussés ; il n'a jamais longtemps fonctionné sans troubles et sans divisions intestines, car on voit, d'intervalle en intervalle, l'élément aristocratique ou clérical dominer l'élément populaire, ou le peuple ressaisir un empire usurpé ; d'où proscriptions, confiscations, pillage, troubles profonds et souvent de longue durée.

Le suffrage est universel lorsque tous les citoyens d'un pays ou d'une partie de pays sont appelés à choisir, soit telle ou telle forme de gouvernement, soit les hommes chargés de l'administration ou du contrôle des intérêts populaires.

Le suffrage universel est un moyen précieux et puissant ;

mais, comme tous les moyens héroïques, il a aussi ses inconvénients et ses dangers.

Manié avec intelligence et sagesse, il est destiné à supprimer les révolutions et les guerres, à assurer aux peuples la paix et la concorde, l'ordre et le progrès, la liberté et l'égalité; mais, appliqué indistinctement et sans discernement à toute espèce d'élection, il devient fatalement une cause de despotisme et de désordre, de discorde et de privilége, de division et de corruption, de décadence et de ruine.

Introduit en France en 1848, il s'y trouve encore en 1871 à son état primitif ou d'enfance; aussi est-il loin d'avoir réalisé les espérances ou les promesses de ses promoteurs. Il ne faut en accuser ni l'ignorance, ni l'incurie : issus de la révolution, et la révolution n'ayant pas cessé d'exister, les gouvernements et les partis, unis en cela dans la même pensée d'égoïsme despotique, ont préféré, pour mieux l'exploiter à leur profit et au détriment du peuple, le déprimer que l'émanciper, le laisser à l'état brut que lui faire subir ses légitimes transformations.

La liberté et le bien du peuple ont été le but, sinon le prétexte, de son introduction en France, et l'intérêt des gouvernements et des partis est sans doute la cause pour laquelle personne n'a tenté de le perfectionner. Cependant, comme toutes les choses humaines, il est perfectible; c'est vers son perfectionnement que doivent tendre tous les patriotiques efforts, et le vrai moyen d'y parvenir consiste à le rendre libre, spontané, éclairé.

La liberté absolue de l'électeur, dans toute élection, est la première condition du suffrage universel. Sans cette liberté, il n'est qu'un mensonge au service du gouvernement et des partis.

En effet, si le gouvernement, qui est en cause dans toute élection, intervient dans la lutte, directement ou indirectement, ouvertement ou d'une manière occulte, à un titre ou à un degré quelconque, son intervention, presque toutepuissante, n'a lieu, cela se comprend, qu'en faveur des candidats sur la complaisance desquels il croit pouvoir compter; il en résulte que les candidats élus sous son patronage officieux ou officiel, sont les hommes de l'administration qui

les a fait nommer et non les hommes des électeurs qui les
ont nommés sur parole ou par ordre.

D'un autre côté, la démagogie, toujours habile à profiter
des fautes du gouvernement et à imiter ses procédés blâ-
mables, exerce à son tour sur les élections, par son activité
et son audace, mais en sens inverse, une influence non moins
coupable, non moins pernicieuse. Elle obtient ainsi quelques succès et les candidats élus sous sa pression sont forcé-
ment d'une opposition systématique, comme les premiers
sont les hommes du gouvernement.

Entre ces deux éléments opposés de dissolution sociale —
celui-ci approuvant toujours et celui-là désapprouvant sans
cesse — il n'y a guère de place pour l'indépendance, l'honnêteté et la capacité; car les hommes indépendants, honnêtes et
capables, déclinent les candidatures à cause des moyens honteux à mettre en usage pour réussir, et les électeurs conscien-
cieux, indépendants s'abstiennent, pour ne pas donner leur vote
à des hommes systématiques, vendus à l'avance au gouvernement
ou à l'opposition. C'est ainsi néanmoins que depuis longtemps
nos assemblées se composent généralement : 1° d'une grande
majorité vouée au gouvernement, 2° d'une faible minorité vouée
à l'opposition, 3° seulement de quelques individualités indépendantes dévouées aux intérêts du peuple. Dans de telles assemblées soi-disant représentatives des intérêts populaires, le gouvernement et les partis ont passé toujours avant le pays. —
Jusqu'au 4 septembre la France a été sacrifiée à l'Empire,
depuis le 4 septembre à la République, et peu s'en est fallu
qu'après le 18 mars elle n'ait été sacrifiée à la Commune de Paris!

Le suffrage universel est *direct* ou *indirect : direct*
lorsqu'il s'applique *directement* à l'élection d'un principe, ou
qu'il confie, sans intermédiaires, à l'homme élu la fonction
qu'il doit exercer; *indirect* quand il s'adresse, par délégation,
au principe, ou qu'il désigne des délégués pour conférer la
fonction dont l'élu doit être chargé.

Dans toute élection, si l'on veut qu'elle soit sincère, il faut
considérer : 1° l'électeur, 2° la personne à élire, 3° la fonction
à conférer.

D'un côté, l'électeur doit 1° connaître la personne à élire,
2° être fixé sur l'objet de la fonction à conférer, 3° être

directement intéressé à l'élection. D'un autre côté, la personne à élire doit posséder les qualités nécessaires pour remplir, à la satisfaction des électeurs, la fonction que l'élection lui confère.

Ceci est trop clair pour qu'il soit besoin d'y insister ; cependant il n'est peut-être pas inutile d'entrer à ce sujet dans quelques détails.

Si l'électeur ne connaît pas les candidats, il s'abstient ou demeure bien souvent livré au caprice de l'intrigue ou du hasard ; s'il n'est pas fixé sur la nature de la fonction à conférer, ne comprenant pas l'importance de son vote, il s'abstient encore, ou bien il le donne au plus offrant ; si enfin ses intérêts ne sont pas directement engagés, il s'abstient par indifférence, ou bien son vote subordonné au hasard reste dévolu à l'intrigue. C'est-à-dire que toute élection où manque l'un de ces trois éléments essentiels, ne peut être que le chaos ou l'imprévu, un objet de hasard ou d'intrigue. Or c'est ainsi que procède la France, dans la plupart des élections, depuis qu'elle est en possession du suffrage universel ; d'où l'on peut concevoir combien il est important, dans toute élection, de se rapprocher le plus possible de ce but quand il est impossible de l'atteindre absolument.

Toute application du suffrage universel entraîne nécessairement avec elle une agitation populaire plus ou moins grande, une suspension de travail plus ou moins prolongée, puis éventuellement des divisions, des haines, du désordre, du tumulte, ou l'émeute avec ses fatales conséquences. Ce sont là des inconvénients et des dangers avec lesquels il faut toujours compter, inconvénients d'autant plus à redouter que l'élection est plus générale et plus souvent renouvelée.

Le meilleur moyen d'y obvier et de prévenir ces dangers, sans toucher au principe du suffrage universel, sans rien ôter à celui-ci de sa fécondité naturelle, consiste à ne pas y recourir inutilement et à le modifier dans les détails de son application suivant la nature de chaque élection.

Dans tout pays libre, le peuple doit toujours rester souverain, et le suffrage universel constituer l'unique moyen de lui assurer sa souveraineté ; mais le peuple ne peut exercer cette souveraineté que par délégation, attendu qu'une souveraineté exercée par tout le monde ne serait qu'une souveraineté illusoire, l'anarchie, ou plutôt la négation de toute souveraineté. En conséquence, et sans perdre de vue les principes déjà posés, il est facile de comprendre que le seul moyen d'assurer le choix de bons représentants, à tous les degrés de la hiérarchie administrative, est d'employer le suffrage universel directement ou indirectement, selon les cas, et de le diviser autant qu'il y a de degrés dans les assemblées gouvernementales.

Pour assurer une bonne élection, il est indispensable que l'électeur connaisse les candidats à élire, qu'il soit fixé sur l'objet de la fonction à conférer et directement intéressé à l'élection ; il n'est pas moins essentiel que les candidats offrent aux électeurs certaines garanties pour la bonne exécution de leur mandat.

La capacité, l'honorabilité, l'indépendance et le dévouement sont ces garanties essentielles ; mais comme il n'y a pas de candidat qui ne se dise capable, honnête, dévoué et indépendant, le plus sûr moyen de s'éclairer à ce sujet est de voir comment chacun d'eux jusqu'alors a dirigé ses propres affaires. Cet examen n'est pas seulement le droit des électeurs, c'est même leur devoir, et c'est pour l'avoir trop négligé que le peuple a éprouvé de si fréquentes déceptions.

Mais, si les électeurs sont trop indifférents à l'égard de la capacité, de l'honorabilité, du dévouement et de l'indépendance des candidats, il faut convenir qu'ils se préoccupent beaucoup trop de leurs opinions politiques ou religieuses. C'est une faute, car qu'importe que leurs représentants soient républicains ou monarchistes, catholiques, juifs ou protestants, pourvu qu'ils soient indépendants, honnêtes, dévoués et capables ?

Ce n'est pas sans un sentiment profond de tristesse que nous entendons parler chaque jour de la nécessité de faire l'éducation politique du peuple. Quoi ! la politique est, peut-être, de toutes les sciences la plus difficile, la plus abstraite, la plus complexe, et l'on voudrait l'enseigner au peuple, à tout le monde ! C'est le comble de l'absurde, un crime ou une mystification.

Que le cultivateur apprenne à bien labourer son champ,

le médecin à bien traiter ses malades, le maçon à bien bâtir une maison, l'avocat à bien plaider ses causes, chacun enfin ce qu'il est utile de savoir pour l'exercice honnête et fructueux de sa profession et la bonne conduite de ses affaires ; mais laissez à qui de droit, aux hommes compétents, la lourde et difficile tâche de résoudre les hautes questions politiques et sociales, qui exigent des aptitudes spéciales, des études et des connaissances qui ne sont pas à la portée de tous.

C'est cette déplorable manie, due peut-être à la subtilité de notre intelligence, de vouloir tout apprendre et tout savoir, qui nous a rendus superficiels et qui fait que la France n'a plus aujourd'hui des hommes de génie, ni dans les sciences, ni dans les arts, ni dans l'administration, ni dans l'armée, ni en littérature, ni en diplomatie.

Essayer l'éducation politique du peuple, c'est à coup sûr faire fausse route, parce que rien n'est dangereux comme une éducation incomplète ; c'est pire que si l'on voulait apprendre à tous les soldats la science de la guerre et à tous les laboureurs la science de l'agriculture. Et pourtant bien des gens honnêtes, irréfléchis ou inconscients, regardent cette éducation non-seulement comme possible, mais encore comme facile.

Savez-vous où conduit fatalement l'éducation politique du peuple ? Au despotisme du gouvernement, à la démagogie, à la guerre civile avec ses fatales conséquences. Flatté et encouragé dans cette périlleuse voie par le despotisme impérial, le peuple a dû se croire en état de résoudre lui-même directement les hautes questions politiques et sociales. Trompée par la démagogie, qui seule lui sert de maître, une partie du peuple parisien l'a suivie sur le terrain de l'émeute et a déclaré, au nom de l'indépendance communale, une guerre fratricide à la France. Cette guerre, sans but avoué de la part de ses promoteurs, n'avait d'autre mobile qu'une aveugle vanité ou l'ignorance de ceux qui les ont suivis. L'émeute ne voulait, disait-elle, ni gouverner la France, ni se séparer d'elle ; elle voulait la République et la liberté municipale ; or n'était-elle pas en possession de l'une et de l'autre ? Que voulait-elle donc ? La garde nationale qui fournissait des soldats à l'insurrection n'en savait rien et se battait aveuglément sur parole, et la Commune, dont le seul but réel était l'usurpation du pouvoir au profit de sa criminelle ambition, ne trouvait plus d'autre prétexte qu'une fédération imaginaire, irréalisable, le dépécement de la France en autant de républiques indépendantes qu'il y a de communes ; 37,000 républiques reliées entre elles par voie de fédération libre. Quelle étrange conception !

Savez-vous ce que c'est que la *fédération*, mot dont la démagogie se sert habilement aujourd'hui pour abuser le peuple, comme elle s'est successivement servie des mots *liberté*, *charte*, *constitution*, *république*, *république démocratique*, *république sociale*? La fédération est l'association des petits États, pour multiplier leurs forces en les condensant, dans le double but de protéger leurs intérêts communs et de résister plus avantageusement aux agressions extérieures ; elle est le premier pas des communes ou des petits États vers le progrès social, et sa transformation en *unité* est la suite naturelle du même progrès, tandis que le retour de *l'unité* à la *fédération* et de la fédération à l'indépendance communale est aussi le retour aux premières conditions qui avaient motivé d'abord la *fédération* et puis *l'unité*, c'est-à-dire au principe de souveraineté du matérialisme individuel, qui ne peut amener que la destruction de toute autorité ou la négation absolue de l'existence nationale, qui rejetterait infailliblement la France dans les ténèbres du moyen âge et lui enlèverait, peut-être pour plus d'un siècle, tout espoir de régénération.

La France est *unie* ; son *unité* est le travail continu de bien des siècles, et l'*unité* est l'aspiration légitime et naturelle de toutes les grandes nations. Réprimons les abus de la centralisation despotique par des institutions justement libérales, mais ne touchons jamais à l'unité, ce serait une folie ou un crime, ce serait la rayer du nombre des nations. Formons une fédération européenne qui supprime les guerres et favorise également les intérêts généraux de tous les peuples, mais ne faisons pas de brèche à l'unité de la France, car cette unité est aujourd'hui peut-être la seule sauvegarde de son existence, de sa force et de sa grandeur.

Et pourtant, il se trouve encore des hommes assez insensés ou assez pervers pour professer la doctrine fédérative, aussi contraire au progrès social qu'à la raison humaine, et des gens assez naïfs pour se faire, en son nom, les soldats de l'émeute et de la guerre civile !

Quelle mystification, quel crime et quelle folie! Et l'on viendrait encore, après cela, nous parler de l'éducation politique du peuple, de son aptitude à la solution des problèmes sociaux ! Quelle aberration de l'intelligence et du sens commun ! Quand le peuple français, le peuple parisien surtout, aura-t-il assez de sagesse pour ne plus se laisser abuser par les promesses irréalisables, par les discours insensés des ambitieux et des intrigants? quand comprendra-t-il que son intervention directe, dans les questions politiques et sociales, n'aura jamais d'autres résultats que son asservissement au profit de gouvernements ou de partis despotiques? Espérons qu'éclairé définitivement par les douloureux et honteux événements qui viennent de s'accomplir, il comprendra que chacun doit rester dans sa sphère circonscrite d'attributions légitimes ; qu'il doit confier à des délégués compétents l'administration de ses intérêts politiques et sociaux, comme on confie au médecin, au notaire ou à l'architecte, la santé de la famille, la liquidation des affaires ou la construction de l'habitation domestique. Choisir avec discernement, pour le représenter d'une manière avantageuse aux assemblées municipale, cantonale, départementale, nationale, les hommes les plus honorables, les plus indépendants, les plus dévoués et les plus capables, voilà quelle doit être, en fait de politique, la seule préoccupation du peuple ; une éducation spéciale lui est inutile ; les bons choix sont bien plus une affaire de bon sens que d'instruction particulière.

Repoussez de toutes les assemblées, quelles que soient leurs opinions politiques ou religieuses, les hommes incapables, désordonnés, égoïstes, de mœurs mauvaises ou douteuses, parce que vous ne seriez jamais dignement ou avantageusement représentés par eux. Refusez également vos suffrages aux candidats besogneux, non pas par la seule raison qu'ils ne sont pas riches, mais bien parce qu'ils ne peuvent s'occuper gratuitement de vos intérêts qu'en sacrifiant les leurs, et que, sous la gêne, se cachent presque infailliblement la paresse, l'incapacité, le désordre ou l'inconduite.

Choisissez de préférence, pour vous représenter à tous les degrés de la hiérarchie administrative, les hommes les plus aisés, pourvu qu'ils soient en même temps honnêtes, indépendants, dévoués et capables, non par cette raison qu'ils sont riches, mais parce que la fortune bien acquise, bien administrée, bien employée, est un gage certain de capacité, d'ordre, d'économie, même de vertu; parce que la fortune est à la fois une condition d'indépendance et d'influence, et qu'elle permet à celui qui la possède de se dévouer gratuitement au bien public, sans compromettre ses propres intérêts.

La richesse d'ailleurs est une chose relative, non absolue. Tel individu est riche avec 50,000 fr.; tel autre est dans la gêne avec un capital six fois supérieur. Ce contraste tient à l'intelligence avec laquelle le capital est administré, à l'ordre avec lequel les revenus sont dépensés.

Confiez sans crainte vos intérêts au premier, si, en même temps qu'il est riche, il est honnête et dévoué; il les gérera gratuitement et par dévouement, avec la même entente, le même ordre, la même conscience que les siens. Mais ne les placez pas entre les mains du second, quel que soit le chiffre de sa fortune; il les administrerait avec l'incurie ou le désordre dont il a contracté la fatale habitude; il les sacrifierait infailliblement à son ambition ou à ses plaisirs matériels.

Le meilleur pays, sans contredit, étant celui où la vie coûte le moins, la France, sous le rapport de la production, semble le pays le plus privilégié. Et pourtant la vie y est relativement très-chère. Savez-vous pourquoi? Parce que la France révolutionnaire est le pays de la *paperasserie administrative*, du *fonctionnarisme rétribué* et des *gros traitements*; parce que, au lieu de simplifier l'administration, d'étendre la gratuité des fonctions et de réduire les traitements, tous les gouvernements, depuis 1789, dans le but de se créer des partisans ou de récompenser des services personnels, compliquent, de plus en plus et inutilement, les rouages administratifs, créent journellement des fonctions inutiles, augmentent inutilement le nombre des fonctionnaires et élèvent sans utilité le chiffre des traitements.

Ce système peut satisfaire les gouvernements et les individus qui en bénéficient; mais le peuple, par une élévation corrélative de ses impôts, fait les frais de cette satisfaction!

Avec un peu de patriotisme on pourrait, non seulement

sans nuire aux services publics, mais même en les régularisant et les facilitant, supprimer le tiers, peut-être la moitié des fonctionnaires rétribués et réduire largement les traitements attachés à beaucoup d'autres. Le peuple y gagnerait en bien-être et le gouvernement en popularité ; les fonctionnaires utilement employés n'y perdraient rien, parce que leurs dépenses diminueraient en proportion ; les fonctions publiques ne seraient plus l'objet de ce scandaleux népotisme, de cette course au clocher connue de tous et qui est d'une immoralité révoltante ; les mutations, si opposées au bien du service, ne seraient plus qu'une rare exception ; les campagnes désertes se repeupleraient, l'initiative individuelle détruite se développerait, les impôts écrasants s'abaisseraient et le budget fabuleux de nos dépenses ordinaires serait ramené au milliard, sinon au-dessous.

C'est à l'initiative de l'Assemblée nationale qu'incombe la glorieuse tâche d'ouvrir et de poursuivre, en France, cette voie féconde de progrès politique et social ; mais, en l'état actuel, elle est arrêtée par un obstacle que son premier devoir est de détruire, la rétribution attachée à la fonction de député. Tant que cet obstacle existera, il n'y aura rien de sérieux à faire sous ce rapport ; car les députés payés par l'État n'étant pas indépendants, ne peuvent entrer résolûment dans la voie féconde de cette utile réforme.

On dira peut-être que la gratuité de la fonction de député est contraire au principe démocratique, ou qu'elle constitue un monopole au profit de la richesse. Ce n'est là qu'un spécieux prétexte, qu'un habile paradoxe adroitement exploité par le gouvernement, pour avoir des députés soumis, et par les partis, pour introduire dans les assemblées des éléments révolutionnaires. C'est un piége auquel le peuple honnête et laborieux ne voudra pas se laisser prendre, s'il songe que le dévouement désintéressé caractérise les principes véritablement démocratiques, que le dévouement de députés payés par l'État les met en suspicion, et qu'en admettant le monopole du dévouement désintéressé on admet un noble monopole.

La richesse relative, telle qu'elle a été définie plus haut, est une rigoureuse condition d'indépendance ; et l'indépendance est la première condition de tout bon représentant du peuple.

C'est donc l'indépendance qu'il faut surtout rechercher dans les élections ; elle est plus rare que l'intelligence, surtout que l'esprit, même que la grande fortune, et c'est principalement dans l'aisance honnête que vous avez le plus de chance de la trouver. Ne vous laissez donc plus abuser par d'adroits sophismes, par de perfides conseils, jusqu'à éloigner systématiquement les riches des assemblées ; ce système s'oppose au triomphe de la vérité et par suite à celui de vos intérêts ; c'est une aberration de l'intelligence et de la logique.

Dieu permet qu'il y ait des riches afin d'être utiles à ceux qui ont besoin de travailler pour vivre. Si vous les éloignez systématiquement des assemblées où ils sont aptes à vous représenter dignement et avantageusement, vous les mettez hors d'état de pouvoir remplir leur mission providentielle. S'ils ne peuvent mettre au service de vos intérêts généraux leur temps et leur dévouement, que voulez-vous qu'ils fassent ? L'oisiveté les fatigue, les isole et les éloigne ; ils vont gaspiller, en voyages improductifs, la fortune qu'ils auraient été heureux de dépenser utilement au milieu de vous. C'est ainsi que la richesse déserte les campagnes pour aller, au détriment du peuple laborieux et sans profit pour ceux qui la dépensent, s'engouffrer dans les grandes villes ou à l'étranger.

Éloignez, au contraire, systématiquement de vos Assemblées, autant dans leur propre intérêt que dans le vôtre, les candidats qui, par leurs ressources personnelles, ne sont pas en état de faire, à leurs frais, honneur à la fonction qu'ils sollicitent de vos suffrages. Que l'homme intelligent, honnête, laborieux et dévoué au bien de ses concitoyens consacre d'abord son intelligence et son activité à se créer, par le travail l'ordre et l'économie, une position personnelle indépendante qui lui permette de s'occuper ensuite gratuitement des affaires publiques, sans s'exposer à trop compromettre les siennes.

Deux systèmes sont en présence quant aux fonctions de maire ou de député : la gratuité, la rémunération. Les candidats ne manqueront ni avec l'un ni avec l'autre de ces principes ; mais le nombre et la quantité différeront.

Avec la gratuité, les candidats, peu nombreux, seront généralement bons, et l'on ne suspectera point le dévouement des élus ; avec la rémunération, les candidats, plus nombreux, n'offriront point un dévouement aussi certain; les élus seront infailliblement plutôt les hommes du gouvernement qui les paye, que les hommes du peuple qui les nomme. Est-ce qu'avec le système de gratuité, le Corps législatif aurait accepté sur parole la guerre avec la Prusse, accordé 30,000 fr. aux sénateurs, 100,000 fr. aux membres du conseil privé, etc.? Evidemment non ; gardiens naturels des intérêts de leurs mandants, ils s'y seraient opposés; tandis que, rétribués eux-mêmes par le gouvernement, ils n'avaient qu'à s'incliner, puis approuver.

Défiez-vous de ceux qui demandent un traitement, soit pour les maires, soit pour les députés ; ils ne sont, au fond, que des utopistes ou des despotes, s'ils ne déguisent pas sous le masque d'une fausse démocratie leur ambition ou leur nullité personnelle. Est-ce que jamais les hautes fonctions ont été aussi encombrées d'hommes médiocres ou nuls que depuis que les députés sont payés et qu'on a élevé certains traitements à des proportions scandaleuses? C'est que les fonctions hautement rétribuées sont recherchées pour l'argent et les satisfactions matérielles qu'elles rapportent, tandis que l'on n'aspire guère que par un dévouement désintéressé aux fonctions gratuites ou peu rémunérées!

Donc, si vous voulez de l'ordre et de l'économie dans vos finances, la vie à bon marché, la réduction des impôts et du budget, l'amortissement progressif de la dette publique, choisissez, pour vous représenter, des hommes indépendants et par suite dévoués; demeurez convaincus que tant que vous aurez des représentants à la solde du gouvernement, la situation ne saurait changer, si ce n'est pour subir une aggravation nouvelle.

La première condition qu'il faut imposer aux candidats à la députation est le principe de la gratuité du mandat de député, et l'une des premières mesures importantes à prendre par l'Assemblée est la suppression du traitement qui leur est alloué. Cette mesure ferait honneur à la Chambre, lui rendrait l'indépendance et par suite le prestige qui lui manquait, diminuerait directement les charges du peuple et ouvrirait, par l'exemple d'un dévouement désintéressé, la voie véritable de la civilisation et du progrès.

Le principe de la gratuité et des traitements modérés appelle le dévouement désintéressé, l'honorabilité, l'indépendance et la capacité ; le principe de la rémunération et des gros traitements est au contraire l'appel à l'incapacité, à la paresse, au servilisme, à l'intrigue, au népotisme et à la corruption. Les deux voies sont ouvertes : celle-ci conduit au désordre, au gaspillage et à la ruine ; en suivant la première, vous constituerez, à tous les degrés de la hiérarchie administrative, une représentation libre, indépendante, souveraine au nom du peuple, digne de sa haute mission et seule capable de ramener la France à la prospérité ainsi qu'à la grandeur. Y a-t-il lieu d'hésiter ?

VII. *Peuple.*

Un peuple se compose de tous les individus — hommes et femmes, enfants et vieillards, riches et pauvres, propriétaires et prolétaires, patrons et ouvriers, serviteurs et maîtres, hauts fonctionnaires et bas employés, juges et justiciables, civils et militaires, religieux et laïques, administrateurs et administrés — habitant le même pays et vivant sous les mêmes lois. Ainsi, le peuple français comprend tous les habitants nés ou naturalisés Français, sans distinction d'âge, de sexe, de religion, de condition ou de fortune, et le plus modeste ouvrier fait partie du peuple comme le plus grand industriel, le chef du pouvoir exécutif comme le plus modeste employé. Mais, il y a dans tous les pays 1° le *vrai peuple* ou le *peuple proprement dit*, formé par l'immense majorité des habitants, comprenant tous les honnêtes gens, à quelque condition qu'ils appartiennent, vivant honorablement de ce qu'il gagne ou possède, respectant les mœurs, les lois du pays et la liberté d'autrui ; 2° le *faux peuple* — *populace, faction* ou *démagogie*, formé par la faible minorité des habitants, qui, au nom d'idées chimériques et criminelles, au mépris des lois et des mœurs, trouble le repos public, fomente l'émeute, l'insurrection ou la guerre civile, cherche à renverser et à usurper le pouvoir établi, pour vivre ou s'enrichir sans travail, aux dépens du vrai peuple qui travaille ou qui possède.

La démagogie, composée de dupes et d'intrigants, est presque inconnue dans les campagnes ; elle ne se rencontre guère que dans les plus grandes villes manufacturières. Quoique ne formant, en France, qu'une insignifiante minorité, la démagogie constitue un danger permanent, à cause de la pernicieuse influence qu'elle ne cesse d'exercer sur une partie du vrai peuple ; car bien disciplinée et toujours portée à l'action, elle remplace habilement le nombre par l'audace, la bonne foi par le mensonge et la ruse ; elle agit au nom de la liberté, de l'égalité et de la fraternité ; mais c'est uniquement pour s'enrichir et régner en despote qu'elle convoite le pouvoir.

Il y a deux sortes de démagogies, également dangereuses, et contre lesquelles le peuple doit se tenir également en garde : 1° la démagogie de la rue ou celle qui s'agite au nom de la république, 2° la démagogie du château ou celle qui travaille au nom de la monarchie. Mais, pour l'une comme pour l'autre, la république ou la monarchie ne sont que le prétexte, elles ne se servent de ces mots que pour mieux cacher leur criminel but et l'atteindre plus facilement ; tous les prétendants à un pouvoir en dehors des principes de l'hérédité et de l'élection, sont des démagogues, des factieux, des révolutionnaires, et, de même que Ledru-Rollin, F. Pyat et Blanqui sont aujourd'hui le symbole de la démagogie de la rue, de même les d'Orléans et les Bonaparte sont le symbole de la démagogie du château ; ils sont identiques quant au fond, ils ne diffèrent que par la forme : tous trompent le peuple, les premiers au nom de la république sans être républicains, et les autres au nom de la monarchie, sans être monarchistes ; car la vraie république et la vraie monarchie sont également opposées aux principes démagogiques et révolutionnaires.

Défiez-vous de celui qui vous dit qu'une classe d'habitants constitue le peuple à l'exclusion d'une autre classe ; il s'abuse ou vous trompe à dessein. Pour lui, le peuple est la démagogie dont il flatte les passions, et son unique but est d'exciter celui qui possède moins contre celui qui possède plus, de mettre à profit leurs divisions pour les dépouiller tous et jouir à leurs dépens.

Les intérêts matériels et moraux du peuple doivent être le but unique de tout gouvernement et l'objet de toutes nos

Institutions; la démagogie, au contraire, quels que soient son origine et son nom, ne mérite que l'exécration publique. Ne désertons pas le giron du vrai peuple; ne nous laissons jamais entraîner dans celui de la démagogie.

VIII. *Gouvernement.*

Les mots *gouvernement* et *administration* sont, au fond, synonymes.

Les 38 millions d'habitants qui peuplent la France ne peuvent vivre isolés les uns des autres; ils sont reliés entre eux par une vaste administration comprenant toutes les institutions publiques du pays et tous les individus attachés à ces institutions. On appelle *gouvernement*, ou la manière de gouverner, d'administrer le pays, ou la réunion de ceux qui sont chargés de le gouverner ou de l'administrer.

Les bonnes institutions d'un pays font sa force, ses mauvaises institutions sa faiblesse. Dans le douloureux conflit dont nous venons d'être témoins, c'est à la bonne organisation de son armée que la Prusse a dû ses succès; c'est au contraire à la désorganisation générale de l'administration française, que notre malheureux pays doit attribuer ses désastres ainsi que la guerre civile dont ils ont été suivis. Il est temps d'aviser !

L'attitude sociale des peuples présente deux espèces de gouvernement : le gouvernement *despotique* et le gouvernement *libéral*. Le gouvernement *despotique*, qu'on appelle aussi gouvernement *personnel, arbitraire, absolu* ou *dictatorial,* est celui qui a pour principe la souveraineté du chef de l'État et la servitude du peuple, celui dans lequel le souverain impose ses institutions au peuple asservi. Il est le symbole de l'unité et, par une conséquence logique, celui de la force. Dans les gouvernements despotiques, toujours la force prime le droit; ou plutôt, il n'y a d'autre droit pour le peuple que celui que veut bien lui accorder son maître souverain. Il a été sans doute le gouvernement primitif de tous les peuples ; peut-être même serait-il le meilleur des gouvernements, si tous les souverains étaient capables de tout embrasser, assez habiles pour ne pas se tromper et assez honnêtes pour n'user de leur pouvoir absolu que dans l'intérêt bien compris du plus grand nombre; mais, comme il est impossible de trouver des hommes réunissant l'ensemble de ces qualités essentielles, le gouvernement despotique ne saurait être qu'un accident dans la vie des peuples, qui tôt ou tard, avec ou sans transition, légalement ou révolutionnairement, finissent par s'emparer de la souveraineté; droit naturel donné aux masses, puisqu'il émane de la main et de la volonté de Dieu.

Le gouvernement *libéral*, désigné aussi sous le nom de gouvernement *démocratique* ou *constitutionnel*, a pour principe la souveraineté du peuple, dont le chef du pouvoir exécutif n'est que le mandataire. Il représente le droit auquel il subordonne la force; il est le premier signe certain du progrès et de la civilisation.

Entre le gouvernement despotique le plus absolu et le gouvernement le plus libéral, les nuances sont infinies. Le progrès, chez un peuple, est d'autant plus grand que le despotisme fait plus de place à la liberté, et d'autant plus assuré que la transition s'opère plus régulièrement, sans secousses et sans violences, par le consentement réciproque du peuple et du gouvernement. Mais, de même que le passage du gouvernement despotique au gouvernement libéral est le signe manifeste du progrès, de même le retour du gouvernement libéral au gouvernement despotique est un signe certain de décadence. D'où il résulte que le gouvernement libéral semble être le gouvernement naturel de la jeunesse et de la virilité des peules, et le gouvernement despotique celui de leur enfance et de leur vieillesse.

Jamais un peuple ne passe d'emblée, par la violence révolutionnaire, du despotisme à la liberté. Toute révolution accomplie par la force, au nom de la liberté, arrête le progrès et ramène fatalement au despotisme absolu. La révolution détruit, mais elle ne fonde pas; elle ne fonde pas parce que la démagogie, qui l'accomplit, est incapable d'une œuvre durable.

Les réformes légales de 1789 constituaient un progrès immense; c'était le passage naturel du despotisme à la liberté; mais la démagogie, devenue maîtresse du terrain, a successivement conduit la France à la république de 1792, à l'empire de 1804, à la monarchie de 1815, au régime de

1830, à la république de 1848, à l'empire de 1852, à la république de 1870, gouvernements révolutionnaires, pour en arriver tous de chute en chute à la Commune de Paris, c'est-à-dire à l'extrême limite des gouvernements faux, au dernier degré du despotisme, du désordre, de l'impuissance, de la honte et du mépris.

Quelle preuve vivante de l'impuissance des révolutions et des révolutionnaires ! Les vieilles institutions de la France ont été successivement démolies ; chacune de ces révolutions y a fait sa brèche et n'a mis à sa place que des expédients ; elles n'ont rien fondé de sérieux ; le peuple, toujours confiant et débonnaire, n'a jamais cessé d'être la dupe des incapables ou des intrigants.

Si les sages réformes préparées en 1789 s'étaient opérées naturellement sans révolution, elles se seraient perfectionnées lentement mais d'une manière continue ; et la France, si attardée, si asservie, si humiliée, marcherait aujourd'hui comme autrefois à la tête des peuples libres et du progrès.

Pourquoi cette situation après une si longue expérience ? Parce que les gouvernements qui se sont succédés depuis 1789 nous ont été imposés par la force révolutionnaire, et que tout gouvernement qui s'impose par la force est condamné, presque fatalement, à crouler sous le coup d'une nouvelle révolution.

Le gouvernement actuel est d'origine révolutionnaire, comme tous les autres. S'il veut sauver le pays, il n'a qu'à se déclarer franchement gouvernement provisoire et laisser au peuple la liberté absolue de son choix. C'est le seul moyen de mettre un terme aux révolutions qui désolent la France depuis quatre-vingts ans, et d'éviter pour lui-même le sort des gouvernements qui l'ont précédé !

Tout gouvernement qui n'est pas absolument libéral est despotique ; or, dès qu'un gouvernement est despotique, le despotisme n'a plus de limites. Nous avons l'option entre le gouvernement despotique qui conduit à la mort et le gouvernement libéral qui conduit à la vie ; choisissons, sans hésitation, le gouvernement libéral, le seul, en l'état actuel de la civilisation, qui soit susceptible de régénérer la France et de lui rendre le rang que Dieu lui a confié dans le monde.

IX. *République* et *monarchie*.

Le gouvernement despotique, sous un nom ou sous un autre, nous osons du moins l'espérer, a fait son temps en France. Que les ambitieux, les intrigants et les despotes en prennent leur parti ; car, éclairé par tant de stériles essais, le peuple, avec raison, voudra désormais que les hommes chargés de l'administration générale de ses affaires, soient ses mandataires et non ses tyrans. Dans ce chapitre, il ne sera donc question que du gouvernement libéral, ne laissant pas de porte ouverte au despotisme.

Le gouvernement libéral peut exister sous deux formes différentes : la *République* et la *Monarchie*, reposant sur deux principes radicalement contraires : la République sur le principe de l'élection, la Monarchie sur le principe de l'hérédité.

Quoique fondées sur des principes si opposés, la République et la Monarchie sont des gouvernements également légitimes, également capables de vivre avec des institutions libérales et de réaliser le même progrès. Il s'agit, en conséquence, d'examiner ici, sans idée préconçue, sans esprit de parti, sans préoccupations individuelles, c'est-à-dire avec une entière indépendance, les avantages et les inconvénients inhérents à la nature de chacune des deux formes de gouvernement dont s'agit.

Avec le principe de l'élection, tout disparaît avec l'individu élu ; chaque disparition entraîne une élection nouvelle, et le poste auquel le successeur n'est pas préparé, reste vacant jusqu'après une nouvelle élection ; d'où il suit que, dans la République, le principe est pour ainsi dire absorbé par l'homme qui le représente, que la République est le gouvernement de l'instabilité, du changement, de l'inconnu, du progrès saccadé, de l'agitation permanente, de l'ambition sans limites.

Sous l'empire du principe d'hérédité, au contraire, l'homme s'efface devant le principe ; le monarque disparaissant et son successeur étant à l'avance désigné et préparé à la fonction qui lui incombe, il n'y a jamais une minute d'interrègne ; d'où l'on doit conclure que la monarchie est le gouvernement de la stabilité, de la tradition, du calme, du progrès régulier, de l'unité, de l'immortalité humaine.

Comme nous l'avons déjà dit, la République et la Monarchie peuvent être toutes deux théoriquement libérales ; mais on est obligé de reconnaître que si, en pratique, l'une peut l'être plus facilement et plus complétement que l'autre, c'est à coup sûr la Monarchie, à cause de sa stabilité et de sa perpétuité naturelles. Aussi, ne concevrait-on pas l'aversion du peuple français pour elle, si l'on ne savait que, mal éclairée, cette aversion a été perfidement et lentement infiltrée dans ses entrailles, en mettant subtilement dans la balance les inconvénients d'une mauvaise monarchie et les avantages d'une bonne république, en grossissant les abus de la monarchie despotique ou bâtarde, et en exaltant outre mesure les bienfaits d'une république idéale.

Cette aversion pourrait se comprendre s'il s'agissait, soit d'une monarchie despotique où le despote est tout et le peuple rien ; soit d'un régime bâtard où l'intérêt général est partout sacrifié à l'intérêt dynastique, où l'on ne peut gouverner que par la corruption et le mensonge ; mais à l'égard d'une monarchie légitime et vraiment libérale, l'aversion serait un contre-sens incroyable, un égarement préjudiciable au bien du peuple ; car, sans offrir aucun des inconvénients inséparables du système électif, la monarchie présente au peuple le précieux avantage : 1° d'avoir, comme chef du pouvoir exécutif, un mandataire indépendant, attendu qu'il ne tient son pouvoir d'aucun parti, tandis que le président d'une république est toujours, fatalement, plus ou moins l'homme du parti qui l'a nommé ; 2° de mettre une limite à l'ambition des intrigants que le principe d'hérédité exclut des honneurs suprêmes, tandis que dans la République le faîte du pouvoir est leur objectif permanent ; 3° d'assurer au peuple, par le principe de l'hérédité, l'ordre, le calme, la tradition et le progrès continu, tandis que l'agitation et l'incertitude sont inséparables de la république, un changement politique se trouvant inévitable avec chaque changement présidentiel ; 4° de proportionner, en toutes choses, l'influence du monarque à sa valeur personnelle, influence nulle s'il est incapable, grande au contraire, s'il est homme supérieur, tandis qu'un président élu, nécessairement censé capable, quoique n'étant quelquefois qu'un intrigant ou qu'un drapeau, aura toujours la prétention, juste en apparence, d'imposer son opinion ou ses avis.

En pratique, la France ne connaît encore les bienfaits ni de la monarchie ni de la république libérales ; jusqu'à présent elle n'a vécu que sous le despotisme de ces deux formes de gouvernement : qu'elle jette donc un regard autour d'elle ! Elle a mieux à faire, sous le rapport de la monarchie, que l'Angleterre, et sous le rapport de la république, que les États-Unis ou la Suisse !

L'élection, plus ou moins régulière, est le principe fondamental du gouvernement chez les peuples primitifs. Le peuple se dépouille volontairement de sa souveraineté naturelle pour la confier à celui qui, par sa capacité, sa sagesse, sa fermeté, son dévouement ou son audace, sait le mieux s'imposer à son choix : c'est la République, quelque sens qu'on lui donne, despotique d'abord, accordant ensuite plus ou moins de liberté, jusqu'à sa transformation, soit en république libérale, soit en monarchie.

Dans les petits États, où les hommes peuvent se connaître et demeurer assez vertueux pour subordonner leur intérêt privé à l'intérêt général du peuple, tous les progrès humains s'opéreraient avec la République libérale et le peuple peut ne pas sentir le besoin d'une autre forme gouvernementale. Mais à mesure que les États grandissent et marchent, les hommes cessent de se bien connaître ; ils ne savent plus s'apprécier ; les ambitieux se multiplient, les partis naissent et s'organisent, les élections deviennent une cause d'agitation et de désordre ; alors le choix du peuple, tiraillé en sens divers, livré pour ainsi dire au caprice du hasard ou de l'intrigue, s'égare et tombe trop souvent sur l'utopiste ou l'intrigant qui, par son audace ou par d'habiles manœuvres, a su le mieux faire croire à des promesses chimériques, dont il a été prodigue dans le but de satisfaire, en les éludant, son ambition personnelle.

Ces inconvénients et ces dangers, inhérents au principe même des élections, conduisent insensiblement les peuples sages au principe de l'hérédité, c'est-à-dire à la monarchie, laquelle s'établit spontanément, naturellement, comme un progrès social, sur les ruines des républiques.

Les peuples passent aisément de la République à la Monarchie, parce que, en substituant le calme à l'agitation, la concorde à la division, la tradition au changement, le passage est naturel, logique et constitue un progrès réel, matériel et moral ; mais, on ne revient pas sans difficulté, sans résistance, de la Monarchie à la République, parce que, en remettant l'agitation à la place du calme, la division à la place de la concorde, le changement à la place de la tradition, ce retour est artificiel, irrationnel, illogique et personnifie la décadence.

D'où il suit que l'on pourrait considérer la République comme la forme naturelle de gouvernement chez les peuples à leur début et à leur déclin, et la Monarchie comme la forme naturelle chez les peuples à l'âge de la jeunesse et de la virilité.

Ce n'est pas, hâtons-nous de le redire, que le progrès social soit incompatible avec la République. Sous un tel régime, le progrès est parfaitement possible, à condition que la République ait pour base la liberté et le consentement spontané du peuple, la capacité, l'honnêteté, la sincérité et la vertu du gouvernement ; mais, comme toute République issue de la Monarchie est le fait d'une surprise démagogique, et comme la démagogie est incapable de gouverner, on comprend que cette forme de gouvernement ne puisse se maintenir que par la force et qu'elle ne soit, pendant son existence, qu'un objet permanent d'inquiétude, de malaise, de désordre, de décadence, de misère publique et de terreur.

En France, trois essais de la République ont été successivement tentés. Les deux premiers n'ont pas été heureux ; si le troisième ne subit pas le même sort, ce ne sera pas la faute de ses promoteurs, car ils se sont montrés encore plus incapables, plus despotes, plus intolérants que tous leurs devanciers.

Savez-vous pourquoi la République ne s'implante pas en France ? Ce n'est pas la faute du peuple, toujours disposé à accepter un fait accompli : c'est d'abord parce qu'il n'est ni naturel, ni logique que la République s'établisse sur les ruines de la Monarchie, c'est ensuite parce que le peuple veut une république libérale et que la démagogie qui la proclame veut la république despotique ; en troisième lieu, c'est parce que la république est presque toujours le résultat d'un coup de main démagogique, que ses auteurs n'ont en général de républicain que le nom et ne convoitent le pouvoir que pour satisfaire leur ambition ou leurs convenances personnelles, en se mettant à la place des hauts fonctionnaires salariés dont ils sont incapables de remplir les fonctions. Si, en effet, après le 4 septembre, la France avait été bien gouvernée et la défense nationale bien dirigée, Paris n'aurait pas capitulé ; le 31 octobre n'aurait pas eu lieu ; le 18 mars nous aurait été épargné ; la République aurait été définitivement fondée, et l'ennemi, dérouté ou vaincu, aurait repassé la frontière sans nous imposer la dure loi du vainqueur. Mais hélas ! les factieux du 4 septembre, incapables comme tous les factieux, avaient oublié, s'ils l'ont jamais su, qu'on n'improvise, par décrets, du jour au lendemain, ni généraux, ni administrateurs, ni administrations, ni armées.

Il n'existe qu'une vraie république, celle fondée sur l'élection libre, et qu'une vraie monarchie, celle basée sur l'hérédité. En dehors de ces deux principes, il n'y a, il ne peut y avoir que des républiques, des monarchies fausses ou bâtardes, des gouvernements artificiels, irréguliers, non viables, ou vivant peu de temps d'expédients divers et conduisant fatalement le peuple à la décadence, à la ruine matérielle et morale.

Cela se conçoit dès qu'on y réfléchit : les principes sont absolus et par suite tout-puissants ; dans les détails de la pratique, ils se prêtent volontiers à de nombreuses et utiles combinaisons, mais on ne les viole jamais impunément. L'élection et l'hérédité, principes absolus, sont par cela même inattaquables ; on les élude, mais on ne les atteint pas en les éludant ; il n'est pas au pouvoir de l'homme de faire qu'une élection consécutive soit primitive, qu'un deuxième ou troisième né soit premier né. Et ce qui prouverait au besoin, outre mesure, la toute-puissance de ces deux principes que les factieux reconnaissent eux-mêmes, c'est qu'arrivé au pouvoir suprême, le premier soin de tout usurpateur, — que l'usurpation se soit faite au nom de la monarchie ou au nom de la république, — est d'asseoir subtilement, dans une élection consécutive qui n'est plus libre, ou dans un décret rendu par lui-même, la légitimation idéale de son usurpation. A cette supercherie coupable, seuls les esprits complaisants ou superficiels se laissent prendre ; car si une élection ou un décret consécutifs peuvent conférer à l'usurpateur, contrairement au droit naturel, les avantages matériels de la légitimité, ils ne le légitiment pas, parce qu'il n'est pas plus au pouvoir de l'homme de légitimer l'usurpation que la bâtardise, la possession perpétuelle de l'objet volé que le vol lui-même.

Depuis 1789, la France dévoyée tourne autour du droit naturel sans savoir le trouver ou y rentrer ; elle se nourrit d'expédients, en passant toujours à côté des principes, et flotte sans cesse entre le despotisme et la licence, sans savoir se reposer sur la liberté.

Les gouvernements de 1792, de 1804, de 1815, de 1830, de 1848, de 1852 et de 1870, les uns sous le nom de république, les autres sous celui de monarchie, ayant été imposés à la France par la force et sans le consentement préalable du peuple, sont tous révolutionnaires ou bâtards ; tous ont voulu légitimer leur origine et leur perpétuité par des élections ou des lois après coup ; mais cette légitimation ne pouvant être qu'une fiction et non une réalité, chacun d'eux, en usurpant le pouvoir, préparait le terrain à une nouvelle usurpation, par cette raison majeure que la force n'est qu'un expédient ou un accident de passage, que le droit est impérissable et que dans tout conflit entre le droit et la force, la victoire définitive finit toujours par se ranger du côté du premier.

Les républicains et les monarchistes éclairés, libéraux, sincères, peuvent se comprendre, s'entendre, parce que tous veulent un gouvernement légal, libéral et propice aux intérêts du peuple, parce que leurs opinions ont pour base des principes naturels, quoique opposés, également compatibles avec la civilisation et les vrais progrès humains ; mais les monarchistes et les républicains honnêtes ne sauraient s'entendre avec les démagogues, à quelque catégorie qu'ils appartiennent, parce que les doctrines de ces derniers reposent sur des expédients despotiques et qu'ils ne convoitent le pouvoir que pour satisfaire, aux dépens du peuple, leur ambition personnelle.

Si la France n'avait varié qu'entre la république et la monarchie légitimes ou légales, au lieu de subir cette situation honteuse où elle se tord, impuissante, depuis 80 ans sous la fausse dénomination de monarchie et de république, elle serait aujourd'hui prospère et à la tête des plus grandes nations libres.

La France ne veut-elle pas de la vraie république, qu'elle accepte franchement la vraie monarchie ; ne veut-elle pas le la vraie monarchie, qu'elle accepte carrément la vraie république ; veut-elle vivre et se régénérer, qu'elle repousse résolûment, pour toujours, toute fausse république et toute fausse monarchie, tout gouvernement bâtard, quels que soient son origine et son nom, qu'il se présente sous l'égide de la démagogie de la rue ou du château, des Blanqui, des d'Orléans ou des Bonaparte. On n'est point usurpateur quand on est foncièrement honnête ; tout usurpateur, semblable à l'homme ivre, à cheval, penchant tantôt à droite, tantôt à gauche, sans jamais trouver l'équilibre, ne cherche dans un pouvoir prêt à lui échapper que l'occasion de satisfaire, aux dépens du peuple, son ambition et ses satisfactions matérielles ; il ne recule devant aucun moyen pour s'y maintenir, il ne s'y maintient qu'en substituant la force au droit, l'arbitraire à la loi, le mensonge à la vérité, la corruption à l'honnêteté, c'est-à-dire en flottant sans cesse entre le despotisme et la licence, sans jamais pouvoir mettre le pied sur le vrai terrain de la liberté.

Ne parlons pas des Bonaparte ; tout le monde sait où ils nous ont conduits ! En Louis-Philippe, il y avait certes l'étoffe d'un grand roi s'il eût été le chef d'une vraie monarchie, ou d'un grand président s'il eût été le chef d'une république légitime ; mais, faux monarque, roi bâtard, il n'est resté 18 ans sur le trône qu'à force d'habileté, d'intrigue, de mensonges, de corruption et de bassesses ! Esclave de sa fausse situation, il a inauguré ce système fatal de corruption électorale, poussé jusqu'à ses dernières limites par le second empire, système qui devait conduire la France au dernier échelon de la décadence morale, et la plonger au fond de l'abîme où elle s'agite et dont elle aura bien de la peine à sortir victorieuse.

Que la France, qu'on ne peut s'empêcher d'aimer malgré sa légèreté et ses travers, éclairée par les douloureux essais auxquels elle ne cesse de se livrer depuis près d'un siècle, renonce pour toujours à tout nouvel essai du même genre, qui aurait infailliblement le même résultat ; qu'elle comprenne enfin que l'on ne transige pas impunément avec les principes et qu'on ne gouverne pas avec des expédients ; qu'entre la vraie république, fondée sur l'élection libre et la vraie monarchie, basée sur l'hérédité, il ne peut y avoir pour elle que confusion, désordre, mensonge, déception, corruption, despotisme ou licence et désastres ; qu'elle appelle, si cela lui convient, les d'Orléans ou les Bonaparte à la présidence de la vraie république, mais qu'elle repousse comme insensés ou inconciliables avec ses intérêts, leurs prétentions à la monarchie !

Le peuple a le choix entre la république et la monarchie, avec les avantages et les inconvénients inhérents à la nature de chacune d'elles : cependant, pour que le gouvernement choisi soit réellement légitime et inattaquable, il faut que le choix soit libre et spontané ; et, pour que le choix soit libre et spontané, il importe que le gouvernement actuel se déclare gouvernement provisoire, sans manifester une préférence personnelle ; autrement, même à son insu et contre sa volonté, son influence s'exercerait en faveur de la république s'il laissait croire qu'il était républicain, ou de la monarchie si on le croyait monarchiste.

A cet égard, n'en croyez pas plus celui qui vous dit : « La république est fatalement le gouvernement du désordre et de la terreur et la monarchie le seul gouvernement compatible avec le bien-être du peuple, » que celui qui vous affirme : « La monarchie est fatalement un gouvernement despotique et rétrograde, la république le seul gouvernement compatible avec le progrès et la liberté ; » tous deux s'abusent ou vous trompent sciemment : le premier en ne mettant en parallèle que les avantages d'une bonne monarchie avec les inconvénients d'une mauvaise république, le second, en comparant les avantages d'une bonne république aux inconvénients d'une mauvaise monarchie. Dans la république comme dans la monarchie, l'ordre ou le désordre, le progrès ou la décadence, le despotisme ou la liberté, la confiance ou la défiance, la sécurité ou la terreur, émanent des institutions et nullement de l'essence, de la forme du gouvernement. La république et la monarchie despotiques sont également détestables ; mais, avec des institutions libérales, elles sont susceptibles, l'une et l'autre, de réaliser les mêmes avantages et les mêmes progrès.

En résumé, république et monarchie ne sont que des mots dont les institutions sont les choses, et, comme les deux formes de gouvernement peuvent exister avec les mêmes institutions et conduire aux mêmes résultats pratiques, il importe, en définitive, bien peu au peuple que le gouvernement porte le nom de république ou de monarchie, que le chef du pouvoir exécutif s'appelle roi ou président, pourvu que le pays soit doté d'institutions franchement libérales, et qu'il ait des mandataires honnêtes, capables de mettre habilement en œuvre ces institutions.

Choisir librement, spontanément, sans préoccupation de personnes, la forme de gouvernement — république ou monarchie qui — paraîtra le plus favorable au tempérament et aux intérêts généraux du pays, et, une fois cette question de principes définitivement tranchée par l'accord préalable, libre et spontané du peuple, poursuivre sans relâche le perfectionnement de la forme adoptée et traiter en factieux criminel celui qui tenterait de la renverser ou même de la remettre en question, tel est l'unique et vrai moyen de ramener à la paix, au bonheur notre pauvre France, aujourd'hui si divisée, si déchirée, et de lui rendre l'essor fructueux si nécessaire à sa grandeur, à son génie.

Arrivons aux institutions.

CHAPITRE TROISIÈME.

INSTITUTIONS PRINCIPALES DE LA FRANCE.

L'empire tombé, la république usurpée par la démagogie parisienne et le pouvoir actuel n'étant que provisoire quoique fonctionnant sous le nom de république, le peuple français peut aujourd'hui se prononcer, librement, légitimement et en connaissance de cause, entre la république et la monarchie ; choix important, nul ne le conteste, mais néanmoins d'un ordre secondaire, attendu que ce qu'il importe surtout et avant tout au peuple, comme nous l'avons dit plus haut, c'est de se donner de bonnes institutions et d'avoir, à chaque degré de la hiérarchie administrative, des hommes dignes de le bien représenter.

Toutes nos institutions étant écroulées, il faut reprendre

l'édifice social par sa base, le rebâtir à nouveau d'après un plan bien conçu et le conduire, d'étage en étage, jusqu'au sommet, en donnant à son ensemble une unité, une simplicité, une solidarité et une harmonie qui le rendent impérissable.

Dans la vaste administration d'un pays tel que la France, les institutions sont aussi nombreuses que diverses; et non-obstant leur nombre et leur variété, elles se tiennent entre elles et se commandent. Pour que notre système administratif soit aussi parfait que possible, il faut donc que les mêmes principes se retrouvent au fond de chacune d'elles.

La liberté, les intérêts généraux du pays et le consentement libre du peuple sont les bases du système; bases qu'on doit retrouver au fond de toutes les institutions, sans quoi le système serait faux, le plan mal conçu ou mal exécuté, l'édifice mal bâti, branlant au moindre choc et toujours prêt à s'écrouler.

C'est pour avoir méconnu ou éludé ces principes fondamentaux de toute organisation durable, que notre édifice social, depuis longtemps chancelant, s'est effondré soudain avec une rapidité de nature à étonner le monde.

Les administrations *Centrale,* de la *Justice,* des *Cultes,* de l'*Enseignement* et de la *Défense nationale,* sont les institutions les plus importantes et les seules dont il soit utile de parler ici. Les autres sont secondaires, et, en ce qui les regarde, il nous suffira de dire que les mêmes principes doivent servir de base à leur organisation.

I. *Administration centrale ou intérieure.*

L'administration *centrale,* qui embrasse tout ce qui se rapporte à l'économie politique et sociale, est la première de toutes nos institutions et les domine. Dans son organisation, il faut considérer particulièrement l'*individu,* la *famille,* la *commune,* le *canton,* le *département* et la *nation.*

1° *Individu.* La liberté individuelle, telle qu'elle a été définie plus haut, est la base naturelle de notre constitution politique et sociale; cette liberté doit se retrouver partout, car la moindre exception serait la ruine fatale de l'édifice.

2° *Famille.* La famille chrétienne, seule famille vraiment

libre, est fondée sur le principe fécond de la liberté individuelle : l'homme et la femme se choisissent librement pour époux, et ceux-ci demeurent libres de faire élever leurs enfants par qui et comme ils l'entendent.

3° *Commune*. L'agglomération d'un certain nombre de familles forme la commune. Tous les habitants de la commune ayant des intérêts communs, et ces intérêts exigeant une administration générale, leur administration est confiée à un comité désigné sous le nom de conseil municipal.

La liberté municipale, voilà la base essentielle de tout gouvernement véritablement libéral. Sans elle le peuple serait toujours esclave, à la discrétion du gouvernement ou des partis. C'est donc à l'asseoir solidement que doivent tendre tous les efforts des honnêtes gens, des hommes vraiment patriotes et dévoués au bien public.

Il n'y a qu'un moyen d'assurer la liberté municipale, c'est de faire nommer le conseil municipal par le suffrage universel direct ; et, pour que ce moyen soit efficace, il est indispensable que le suffrage soit spontané et absolument libre ; car, toute intervention administrative, directe ou indirecte, ouverte ou occulte, et à quelque degré que ce fût, aurait infailliblement pour résultat le despotisme du gouvernement et des partis et l'asservissement du peuple.

Les élections municipales sont le véritable terrain du suffrage universel direct, parce que là les électeurs se connaissent, sont fixés sur l'objet de l'élection et directement intéressés à la bonne administration des affaires du municipe ; aussi dans ce mouvement électoral, les abstentions sont-elles nulles ou presque nulles, les électeurs se rendent-ils au scrutin avec ordre, calme, réflexion et sans perdre beaucoup de temps ; aussi les élections municipales, généralement bonnes quand elles sont libres, spontanées et exemptes de toute pression administrative, ne sont-elles mauvaises que lorsque le gouvernement ou les partis politiques viennent à les fausser par leur intervention intempestive.

Avec le suffrage universel direct, libre et spontané, pour la nomination des conseils municipaux, soyez certains que les électeurs feront presque toujours de bons choix ; si, par hasard, ils se laissent abuser un jour par de fallacieuses promesses ou par des discours insensés, ils ne s'y laissent pas prendre une seconde fois.

Il importe que toute considération étrangère aux affaires municipales — la politique et la religion surtout — demeurent soigneusement écartées des élections : la capacité, l'esprit d'ordre, l'honorabilité, l'indépendance et le dévouement sont les garanties essentielles que les candidats doivent offrir aux électeurs, et parmi les candidats on préférera ceux qui les posséderont au plus haut degré.

Jusqu'à présent les maires étaient nommés par le gouvernement ; il pouvait même les prendre en dehors du conseil municipal : c'était l'asservissement de la commune, l'organisation des conseils municipaux pour le gouvernement et non pour la commune. Ce principe de despotisme est difficile à extirper ; l'on a même de la peine à comprendre qu'il se trouve encore des esprits honnêtes assez routiniers ou assez aveugles, pour conseiller de faire intervenir le gouvernement pour la nomination des maires dans les centres populeux. C'est une infraction à la fois inutile, injuste et dangereuse, aux principes de liberté et d'égalité ; *inutile*, parce que, avec des maires imposés aux conseils municipaux, toute administration municipale est impossible ; *injuste*, parce que chaque commune doit avoir la gestion, la responsabilité des affaires municipales ; *dangereuse*, à cause des divisions, des haines et des conflits qui ne peuvent manquer d'en être la suite.

Rigoureusement, les maires peuvent être nommés par le suffrage universel *direct* ou bien par les conseils municipaux eux-mêmes. Le premier de ces deux systèmes est libéral et séduisant en théorie ; mais, dans l'application, il présente, sans utilité, des inconvénients sérieux, tandis que le second offre plus d'avantages que le premier, sans en avoir aucun des inconvénients.

D'un côté, le conseil municipal, étant déjà le produit du suffrage direct, une nouvelle intervention du même suffrage pour la nomination des maires serait inutile ; elle amènerait l'agitation et le chômage inséparables de toute élection générale ; d'un autre, le conseil, connaissant mieux que les électeurs l'homme le plus propre à le présider, renfermant déjà les meilleurs éléments de la commune, étant responsable des intérêts municipaux, il est naturel que la nomination du maire soit à sa disposition.

Laisser aux électeurs des communes le choix direct des conseils municipaux et à ceux-ci le choix des maires, tel est, sans toucher à l'unité de la France, le moyen le plus sûr d'émanciper la commune du despotisme qui l'enchaîne, d'amener la concorde, de prévenir les divisions, les difficultés et les conflits inséparables de tout autre système, de permettre aux citoyens, une fois leur devoir d'électeur accompli, de se livrer à leurs travaux particuliers, tranquillement, sans avoir à se préoccuper des questions générales de politique ou d'administration qu'ils ne connaissent pas et qu'ils ne peuvent pas connaître.

Ce système, naturel, logique, pratique, doit être appliqué, sans distinction, à toutes les communes de la France. Modifions selon les cas le système dans son application pratique, mais ne touchons pas au principe; la moindre infraction nous ramènerait au despotisme qu'il faut éviter à tout prix.

Les petites communes sont le meilleur terrain pour les élections municipales, car les opérations s'y accomplissent presque toujours sans difficulté, sans passion. Dans les grandes villes, à Paris par exemple, à cause du nombre et de la diversité des habitants qui ne se connaissent pas suffisamment, les élections entraînent inévitablement plus d'agitation, de chômage et d'abstentions; mais ces inconvénients peuvent être sinon évités, au moins grandement atténués par les dispositions suivantes, rationnelles et très-pratiques : Il y aurait à Paris autant de mairies qu'il y a de quartiers, soit 80 au lieu de 20, nombre tout à fait insuffisant pour l'expédition facile et régulière des affaires municipales; chacune de ces 80 mairies serait gérée par deux ou trois adjoints, nommés au scrutin de liste, dans chaque quartier, par le suffrage universel direct : le conseil municipal de Paris se composerait du premier adjoint de chaque quartier; il nommerait son président ou maire de Paris, comme tous les autres conseils municipaux, et les conseillers municipaux de la ville rempliraient, en même temps, les fonctions de membres du conseil général de la Seine. De cette façon, Paris jouirait à la fois du bienfait du suffrage universel direct et de son autonomie municipale.

D'ailleurs, même avec l'organisation actuelle si défectueuse des municipalités, dans les grandes villes, les inconvénients du suffrage universel direct ne sont pas d'un ordre assez supérieur pour qu'il soit indispensable de violer les principes de liberté et d'égalité, pour mettre hors du droit commun, en ce qui concerne la nomination des conseils municipaux et des maires et adjoints, les grands centres de population qui ont naturellement les mêmes droits que les petites communes à la bonne administration de leurs affaires municipales.

4° *Canton*. La réunion d'un certain nombre de communes constitue le canton. Chaque canton doit avoir son conseil cantonal comme chaque commune a son conseil municipal. En l'état actuel, le conseil cantonal n'existe pas ; c'est une lacune qu'il faut s'empresser de combler.

On pourrait croire que, sous peine de violer le principe du suffrage universel, les conseillers cantonaux doivent être nommés par le suffrage direct, c'est-à-dire directement par les électeurs de toutes les communes du canton. C'est une erreur, de laquelle ne peut résulter aucun avantage et qui présente des inconvénients. Le suffrage universel *direct* n'est logique et utilement applicable qu'aux élections municipales ; il est complétement inutile à tous les autres degrés de la hiérarchie électorale, et il devient d'autant plus nuisible ou dangereux qu'il s'éloigne davantage des élections municipales. Il est inutile, pour la nomination des conseils cantonaux comme pour la nomination des maires, parce que les conseillers municipaux sont investis de la confiance des électeurs des communes et connaissent mieux qu'eux l'objet de l'élection et les hommes les plus aptes à représenter les communes au canton ; il est un acte nuisible ou dangereux, à cause de l'agitation, des abstentions, de la suspension du travail qu'il entraîne, et surtout des mauvais choix qui peuvent en être involontairement la suite.

Il est à la fois naturel, logique et avantageux de déférer aux conseillers municipaux la nomination des conseils cantonaux et à ceux-ci la nomination de leur président.

En procédant ainsi, le suffrage universel gagne sans rien perdre, s'éclaire sans que le principe en soit violé ; seulement, au lieu d'être direct comme dans les élections municipales, il devient indirect ou par délégation, et par suite plus éclairé, plus efficace.

5° *Département*. La réunion de plusieurs cantons forme le département : par la même raison qu'il faut des conseils cantonaux, les conseils généraux sont nécessaires pour l'administration et le contrôle des affaires départementales.

Depuis que les voies ferrées ont si bien rapproché les distances, l'arrondissement actuel n'est, entre le département et le canton, qu'un intermédiaire inutile, qu'un embarras très-onéreux ; il deviendrait encore bien plus inutile en ramenant les conseils de préfecture aux principes de leur institution, en faisant de ces conseils, par l'inamovibilité et le bon choix des magistrats qui les composent, non des conseils subordonnés et approbateurs comme ils le sont aujourd'hui, mais bien des conseils indépendants et par suite réellement censeurs des actes des préfets. Pourquoi conserver les arrondissements ? Les sous-préfets, les conseils et les tribunaux d'arrondissement peuvent être supprimés sans inconvénients.

Les deux tiers des départements actuels sont notoirement trop petits ; aussi voudrions-nous, dans l'intérêt d'une juste, utile et réelle décentralisation, des départements de 800 à 1,200 mille habitants, se rapprochant, autant que possible, des anciennes circonscriptions provinciales et ayant chacun ses chefs administratif, religieux, judiciaire, académique et militaire.

Jusqu'à présent, les conseils généraux ont été nommés par le suffrage universel *direct* et leurs présidents par le gouvernement. C'est le système de l'impuissance et de l'anarchie, du despotisme et de la corruption, c'est-à-dire l'organisation de conseils pour le gouvernement et non pour les départements.

Le suffrage universel *direct*, pour la nomination des conseils généraux, est aussi inutile et déjà plus dangereux que pour la nomination des conseils cantonaux : *aussi inutile*, parce que les conseillers cantonaux, investis de la confiance des conseils municipaux et par suite des communes, connaissent bien mieux que les électeurs des communes l'objet des conseils généraux, ainsi que les hommes des cantons le plus dignes de les représenter au département ; *plus dangereux*, à cause des chômages plus prolongés, de l'agitation et des difficultés plus grandes, des abstentions plus nombreuses qu'il entraîne, ainsi que des choix défectueux qui, involontairement, peuvent en être plus facilement la suite.

Les conseillers cantonaux sont les électeurs naturels des conseils généraux, et ceux-ci, comme les premiers, doivent nommer leur président.

Ainsi constitués, les conseils généraux, nommés en dehors de toute pression, seraient indépendants et auraient un rôle de premier ordre à jouer dans les départements.

6° *Nation.* Pas plus que l'individu, que la famille, que la commune et que le canton, le département ne peut vivre isolé. La réunion de tous les départements constitue la nation, qui exige à son tour, pour l'administration et le contrôle des affaires de la France, un conseil qu'on désigne sous le nom d'Assemblée nationale.

Comme les conseillers municipaux et généraux, les députés à l'Assemblée nationale ont été jusqu'à présent nommés par le suffrage universel direct. C'est une disposition non-seulement inutile, mais encore bien dangereuse; c'est le despotisme déguisé sous le manteau de la liberté, la corruption sous celui de l'égalité, le mensonge sous celui de la vérité, au service du gouvernement et des partis et au détriment du peuple qui en est l'innocent complice. Les esprits sensés et honnêtes s'étonnent qu'on n'ait pas encore fait justice de cet abus incroyable du suffrage universel, abus qui devait fatalement nous conduire à l'effondrement matériel et moral dont nous sommes aujourd'hui les témoins honteux, passifs et impuissants.

Les conseillers généraux sont les électeurs naturels pour la nomination des représentants à l'Assemblée nationale. Eux seuls, investis par délégation indirecte, mais éclairée et réelle, de la confiance du peuple et connaissant mieux que lui le but de la fonction de député, et pénétrés de la responsabilité de leur mandat, sont en état de choisir, avec connaissance de cause, les hommes qui, par leur capacité, leur honorabilité, leur indépendance et leur dévouement, sont le plus dignes de représenter les départements dans les conseils de la nation.

Ce système électoral, basé sur le suffrage universel, simple, naturel, facile, logique, fécond, éclairé, perfectionné, consistant à faire nommer les conseils municipaux par le suffrage universel direct, les conseils cantonaux par les conseillers municipaux, les conseils généraux par les conseillers cantonaux, les députés et peut-être les préfets par les conseillers généraux, est le seul système capable de faire produire au suffrage universel tout le bien dont il est susceptible, de prévenir ou d'atténuer les inconvénients et les dangers inhérents à sa nature, et d'assurer à la France, par une représentation honnête, dévouée et capable, à tous les degrés de la hiérarchie administrative, l'unité, la décentralisation, la liberté, l'égalité, la tranquillité, l'indépendance nécessaires à sa grandeur, le progrès matériel et moral compatible avec son génie.

Grâce à la liberté sans licence, à l'égalité sans injustice, à la fraternité sans faiblesse, le peuple serait ainsi réellement souverain, et, grâce au suffrage universel ainsi éclairé et perfectionné, le peuple déléguerait sa souveraineté aux hommes les plus considérables du pays : dans les communes aux conseils municipaux, dans les cantons aux conseils cantonaux, dans les départements aux conseils généraux et à l'Assemblée nationale aux députés des départements.

L'Assemblée nationale serait ainsi réellement souveraine au nom du peuple, son contrôle légitime et efficace, sa responsabilité absolue, et sa souveraineté ainsi que sa responsabilité seraient absolument les mêmes, que le gouvernement portât le nom de république ou celui de monarchie, que le chef du pouvoir exécutif s'appelât roi ou président.

C'est à l'Assemblée nationale, déléguée du peuple, mieux éclairée que lui sur la question, qu'incombe naturellement la solution du problème relatif au choix à faire entre la république ou la monarchie ; problème très-important sans doute, mais beaucoup moins grave, comme nous l'avons dit plus haut, qu'on ne le croit généralement, attendu que ces deux formes de gouvernement peuvent assurer au peuple les mêmes institutions libérales et les mêmes progrès.

La décision rendue par l'Assemblée nationale, au nom du peuple souverain, suffirait pour rendre légitime la forme de gouvernement choisie par elle; mais, afin d'ôter à la démagogie remuante tout prétexte d'insurrection ou d'émeute et de rendre cette décision inattaquable et indiscutable, il conviendrait de faire ratifier le vote des représentants par le suffrage universel direct, applicable, sans inconvénients graves, dans l'espèce, parce qu'il s'agit, non pas de personnes inconnues, mais bien d'un principe que tous les électeurs sont à même de comprendre.

En procédant ainsi, personne ne pourrait contester ni mettre en question la légitimité de la forme de gouvernement choisie — république ou monarchie — et, le gouvernement établi, réellement légitime, aurait à la fois dans ses mains le droit et la force, c'est-à-dire la toute-puissance, pour faire exécuter, sans faiblesse et sans faux-fuyants, la volonté du peuple souverain.

Dans le cas où la monarchie serait préférée à la république, toute nouvelle opération électorale serait inutile : le peuple n'aurait qu'à faire appel au principe de l'hérédité, sans s'inquiéter de l'homme qui le représente, et nous avons la conviction que celui-ci aurait assez de patriotisme, en se conformant aux institutions libérales établies par l'Assemblée constituante au nom du peuple souverain, pour accepter la difficile mais glorieuse tâche de présider à la régénération et au salut de la France.

Si, au contraire, la république obtenait la préférence, une nouvelle élection deviendrait nécessaire pour la nomination du chef du pouvoir exécutif.

Pour cette nomination trois systèmes sont en présence, et chacun d'eux a des partisans. Le premier consiste à l'opérer par le suffrage universel direct ; le second par l'Assemblée nationale érigée en constituante ; le troisième par l'Assemblée nationale, avec ratification de son vote par le suffrage universel direct.

Le plébiscite, soit pour la nomination directe du chef du pouvoir exécutif, soit pour ratifier le vote de l'Assemblée, est aussi inutile que le suffrage universel *direct* pour la nomination des députés. Aux dangers que son application présente déjà dans ce dernier cas, il faudrait ajouter celui, bien plus grave, de porter une atteinte profonde à la souveraineté de l'Assemblée, *en créant à ses côtés un pouvoir issu de la même source et par suite égal, rival et fatalement destiné à devenir l'objet d'abord de difficultés, ensuite de conflits et en définitive d'un coup d'État et d'une révolution démagogique.*

C'est à l'Assemblée nationale qu'incombe la responsabilité

de la nomination du chef du pouvoir exécutif de la République, parce que, seule, elle est apte à faire un bon choix. C'est le
système le plus simple, le plus logique et le seul capable d'assurer :

1° *Au peuple*, la liberté, l'égalité, la tranquillité, le calme,
la concorde, le bien-être et le progrès régulier matériel et
moral ;

2° *A la république*, la stabilité sans difficultés, sans conflits
d'attributions et sans le danger permanent d'un *coup d'Etat*
ou d'une *révolution démagogique.*

Avec une république ou une monarchie fondée sur ces bases,
si le pouvoir exécutif ou la démagogie tentait de franchir les
limites du droit, l'Assemblée, souveraine et toute-puissante
dans les départements, serait là pour l'arrêter au nom du
peuple qu'elle représente, par la suppression des subsides et
sans faire verser une goutte de sang, si le coupable était le
chef du pouvoir exécutif, et par une répression immédiate et
énergique, s'il s'agissait d'une faction populaire.

II. *Administration de la justice.*

La magistrature française était autrefois la magistrature la
plus honorée du monde, parce qu'elle était en général assez
éclairée et assez indépendante pour dire quelquefois aux
grands : « Nous sommes ici pour rendre des arrêts et non
pour rendre des services (1). »

L'institution a bien dégénéré, les caractères se sont bien
abaissés : aujourd'hui les magistrats, en rendant des arrêts,
trop souvent rendent aussi des services.

Pourquoi ce contraste qui n'est pas à l'honneur du présent ?

______

(1) Notons, cependant, que sous le règne despotique de Phi-
lippe-le-Bel, de Louis XI, de Charles IX, de Louis XIV, les parle-
ments ont parfois secondé le pouvoir. Le conseil souverain d'Alsace
et le parlement de Metz, établis au commencement du 17ᵉ siècle,
se sont même rendus corps politiques, en prononçant des arrêts
d'annexion à l'endroit de petits pays dont la possession se trouvait
en litige. Pendant les guerres de la Ligue et les troubles de la
Fronde, le rôle du parlement n'a pas été sans reproches ; le Châ-
telet, au contraire, que présidait le prévôt de Paris, s'est presque
toujours montré favorable aux intérêts populaires.

C'est qu'autrefois la magistrature était organisée pour les justiciables, c'est-à-dire pour le peuple, tandis qu'aujourd'hui elle est surtout organisée pour le gouvernement ; c'est qu'autrefois, indépendants par leur fortune personnelle et peu payés, les magistrats restaient dans leur ressort, se bornant à rendre la justice, tandis qu'aujourd'hui, attirés par la perspective de la fortune qui leur manque et par les gros traitements qui y conduisent, ils sont toujours sur les chemins de l'ambition, et les services politiques qu'ils rendent sont pour eux le premier titre à l'avancement.

De sa nature même la magistrature est très-puissante. Pour faire tourner cette puissance à leur profit, les gouvernements révolutionnaires ont dû la recruter comme les autres carrières et la détourner en partie de sa mission légitime. C'est une erreur ou un crime : la magistrature ne ressemble point aux autres carrières ; rendre la justice doit être son unique objet. Il n'y a en effet, dans la magistrature bien organisée, ni maître, ni élève, ni supérieur, ni subalterne ; il n'y a que des juges, et le jour même de son entrée en fonctions, le magistrat doit être aussi capable, aussi indépendant que les anciens, aussi en état de juger toutes les causes soumises à sa juridiction.

On accuse généralement le peuple français d'être indiscipliné, difficile à conduire, révolutionnaire, plus disposé à parler liberté, égalité, qu'à les mettre en pratique. Le fait est vrai, mais la question est de savoir pourquoi. Cela tient, bien moins qu'on ne le pense généralement, à la nature du caractère national, car il n'y a peut-être pas, au fond, de peuple meilleur que lui, plus généreux, moins révolutionnaire, plus facile à conduire, plus ami de la liberté et de l'égalité. Dans les pays où les lois sont mauvaises, l'homme social est plus mauvais et plus malheureux que l'homme de la nature, et nos lois laissent bien à désirer : plusieurs ne sont plus en rapport avec les mœurs, quelques-unes sont équivoques, d'autres ne protégent pas suffisamment le peuple contre la populace, les faibles contre les forts, les honnêtes gens contre les coquins, et celles qui sont bonnes ne sont pas généralement appliquées ou exécutées avec rigueur. L'impunité qui en résulte, voilà la cause réelle de notre indiscipline, de nos tendances révolutionnaires, de notre mépris des lois, des règlements, de la liberté et de l'égalité ; il serait inutile et oiseux d'aller la chercher ailleurs. Les honnêtes gens en souffrent, les mauvais en profitent, et le peuple, bon et généreux, est livré presque sans défense au caprice des factieux, des utopistes ou des coquins.

La justice cantonale constitue la base fondamentale de toute bonne organisation judiciaire ; car c'est le juge de paix qui, sans cesser de juger les procès, a pour principale tâche la haute mission de les prévenir, de sauvegarder les intérêts des familles et de maintenir entre elles l'union et la concorde.

Mais détournée en partie de son légitime objet, transformée en agence électorale ou policière, généralement représentée par des hommes ignorants, sans dignité et sans caractère, on peut dire que notre justice cantonale n'a guère de la paix que le nom, et que le juge du canton est plus souvent l'homme de la discorde et de la guerre que l'homme de la conciliation, de la paix et de la concorde. Il y a sans doute d'honorables exceptions ; mais voilà malheureusement la règle.

Créer aux juges de paix une position honorable, digne et en rapport avec l'importance de leur haute mission, étendre largement leur compétence, limiter leur tâche aux affaires judiciaires, les débarrasser absolument de tout ce qui touche à la politique et à la police, choisir pour juges, parmi les avocats et les hommes d'affaires déjà mûris par l'âge et la pratique, ceux qui, par leur capacité, leur honorabilité et leur notoriété, inspirent le plus de confiance et sont le plus aptes à prévenir les procès, à ménager les ressources des familles et à rendre sûrement la justice, organiser solidement et sur une grande échelle les tribunaux de département, qui seraient à la fois des tribunaux de première instance et d'appel, supprimer tous les tribunaux d'arrondissement qui, avec une bonne organisation des justices de paix et la facilité actuelle des communications, sont inutiles, supprimer toutes les cours d'appel qui, avec une bonne constitution des tribunaux départementaux et cantonaux, ne seraient entre les tribunaux de département et la Cour suprême, qu'un intermédiaire parfaitement inutile et très-onéreux, constituer solidement, sur une grande échelle, la Cour suprême ou de cassation, qui servirait en même temps de comité consultatif auprès du ministère de la justice, supprimer, dans les tribunaux et à la Cour suprême, l'autorité du parquet, qui constitue une double hiérarchie aussi inutile que gênante, et confier au président la haute direction et la responsabilité de toutes les branches de la justice, n'établir, dans le traitement des magistrats dont les fonctions sont analogues, d'autre différence que celle exigée par la cherté de la vie selon les lieux, supprimer, par la réduction des gros traitements, cette course au clocher des magistrats, qui est la honte de la magistrature et l'abaissement de la justice, reviser les lois et les mettre d'accord entre elles et avec nos mœurs, faire des lois libérales, morales, justes, nettes, précises, protectrices de la société et des honnêtes gens, prévenir les émeutes et réprimer dès leur début, promptement, énergiquement, par la force, non par des discours larmoyants, celles qu'il n'a pas été possible de prévenir, n'avoir que des magistrats intègres, honnêtes et assez indépendants pour appliquer les lois avec rigueur, sans *circonstances atténuantes*, qui sont un objet permanent d'équivoque ou plutôt la négation des lois et de la justice, en un mot, organiser le corps judiciaire pour la justice et la justice pour le peuple, voilà les bases des réformes à introduire dans l'administration de la justice, si nous voulons que la magistrature française reprenne le haut rang qui lui revient et cesse de rendre des services en rendant des arrêts, si nous voulons que le peuple français ait le respect des lois comme le peuple anglais, qu'il cesse d'être révolutionnaire, qu'il soit facile à conduire, qu'il observe la discipline et les règlements aussi bien, sinon mieux, que les autres peuples.

III. *Administration des cultes.*

Si la liberté est la seule base solide de toutes nos institutions, on comprend combien cette liberté est nécessaire en fait de religion et de conscience.

La fraternité étant le principe fondamental de toutes les religions, les divers cultes sont dignes du même respect et de la même protection.

Chaque fois que, dans un pays, un culte domine de beaucoup les autres cultes, le culte dominant est la religion de l'État, c'est-à-dire de la majorité des habitants.

En France, le catholicisme est la religion de l'État, mais le protestantisme, le judaïsme et l'islamisme, quoique insignifiants comme nombre, jouissent justement de la même liberté, de la même tolérance, des mêmes avantages que lui.

Sous prétexte de liberté, d'égalité, et plutôt dans un but de matérialisme despotique, certains hommes réclament la séparation de l'Église et de l'Etat. C'est là une respectable utopie ou une action coupable, car si Dieu peut séparer le principe de l'homme qui le représente, il n'est pas au pouvoir de l'homme d'isoler l'individu de la mission qu'il remplit. Comme un peuple ne peut pas vivre sans pratiques religieuses, que dans le prêtre il y a aussi le citoyen et que tout citoyen est nécessairement soumis aux lois du pays, il en résulte que cette séparation, discutable peut-être en théorie, n'est pas applicable en pratique.

Ce serait créer un État dans l'État, ou plutôt deux pouvoirs égaux et par suite rivaux, fatalement destinés à s'entre-dévorer, à moins que l'un des deux ne fût absorbé par l'autre. Et, qui sait alors si le pouvoir religieux n'absorberait pas le pouvoir civil ? S'il en était ainsi — et cela ne serait pas impossible — la mise en pratique de la théorie séparatiste aurait pour conséquence un résultat tout opposé à celui qu'on avait en vue : la suppression de tout culte ou la substitution de la raison à la foi, pensée absurde ou criminelle qui ne saurait être professée que par un fou ou un scélérat.

L'Église, pas plus que la justice, ne peut être séparée de l'État. Cette séparation serait-elle décrétée en théorie qu'elle n'existerait pas en pratique ; seulement elle serait un objet constant de désordre, de difficultés et de conflits.

Le prêtre est à la fois le serviteur de Dieu, le gardien de la religion et de la morale, l'ami et le consolateur du peuple ; son ministère se concilie avec toutes les formes de gouvernement libéral, aussi bien avec la monarchie qu'avec la république, aussi bien avec la république qu'avec la monarchie, et, si le premier soin des gouvernements despotiques ou révolutionnaires est de déclarer la guerre à la religion, au clergé, aux corporations religieuses, c'est conséquemment parce que le catholicisme est le symbole et l'avant-garde de la liberté, de l'égalité et de la fraternité humaines. Il y a sans doute de mauvais prêtres, comme il y a de mauvais magistrats, mais ce n'est là qu'une bien rare exception, inévitable parce que la perfection n'est pas de ce monde ; mais personne ne contredira cette assertion, que de toutes les corporations, les corporations religieuses sont celles où l'on trouve le plus d'humanité, de charité, de moralité, de désintéressement et de dévouement.

Défiez-vous de celui qui, au nom d'un fait isolé, accuse, outrage la religion ou le clergé ; s'il ne s'abuse pas lui-même, il vous trompe sciemment.

La France n'est France que parce qu'elle est catholique. C'est la France catholique qui, précurseur de la civilisation et du progrès humain, a porté, dans toutes les parties du monde, le sublime flambeau de la liberté, de l'égalité et de la charité. Si elle cessait d'être catholique, elle cesserait d'être France ! Égarée ou aveuglée par le rationalisme germanique, qui n'est pas son génie, elle s'est arrêtée dans la voie de progrès que la Providence lui a tracée ; cet arrêt n'est que momentané, mais elle ne retrouvera la lumière et ne reprendra son rôle providentiel dans le monde que par son retour à la foi et à la liberté.

Un bon prêtre est une providence pour sa paroisse ; on ne saurait trop l'honorer. Le laisser libre dans l'exercice de sa haute mission spirituelle, sans le séparer de l'État, et lui créer une existence honorable mais modeste, telle est la seule base solide d'une organisation susceptible d'assurer au peuple les bienfaits de la morale et de la religion.

IV. *Administration de l'enseignement.*

L'instruction a beaucoup gagné depuis quelques années en France ; mais, il faut en convenir, nous avons, sous ce rapport, beaucoup à faire. Ce n'est pas seulement la faute du peuple qui ne demande que la facilité de s'instruire, c'est aussi et surtout celle des gouvernements, qui n'ont pas assez généralisé l'enseignement.

Dans un pays libre, la liberté est nécessairement la seule base solide de l'enseignement et de l'instruction ; cependant il est des hommes qui réclament avec instance l'instruction obligatoire. L'intention peut être bonne, mais l'obligation est ici inconciliable avec la liberté, et comme l'instruction populaire n'est pas une condition sociale de première nécessité, il n'est pas indispensable d'éluder à son sujet le principe fécond de la liberté. Personne plus que nous ne désire la généralisation de l'instruction populaire, mais nous sommes persuadé qu'on atteindra plus sûrement et plus facilement ce but par la persuasion que par la force. Que chaque commune soit obligée d'avoir à ses frais et sous le régime de la communauté, un instituteur chargé de l'instruction nécessaire à tous les enfants, sans distinction de sexe ni de condition, c'est-à-dire l'instruction primaire comprenant la lecture, l'écriture, le calcul et les choses les plus usuelles de la vie, et qu'on devrait appeler instruction *communale;* que le gouvernement facilite ce genre d'instruction par tous les moyens légitimes dont il dispose, cela se conçoit, et tout esprit sensé sera de cet avis; mais vouloir, dans un pays qui veut être libre, forcer un père de famille à envoyer son enfant à l'école ou à telle école, ce serait évidemment faire fausse route, se créer inutilement des difficultés insurmontables et un système tyrannique que le gouvernement le plus despotique hésiterait peut-être à imposer au peuple. On ne pourrait pas punir l'enfant qui n'irait pas à l'école; quelle peine infliger au père qui ne voudrait pas ou qui ne pourrait pas l'y envoyer? Le système obligatoire appliqué à l'instruction est impraticable; l'instruction libre, voilà la raison et la seule vérité pratiques.

Les hommes qui demandent l'instruction obligatoire veulent aussi qu'elle soit *gratuite.* La gratuité n'est pas plus possible que l'obligation; mais il est bon de savoir que les partisans du système obligatoire confondent, sous le nom de gratuité, la charité et la communauté. En effet, l'instruction qu'ils appellent gratuite n'est pas du tout gratuite, attendu que ceux qui la dispensent reçoivent un traitement; elle n'est pas, il est vrai, directement payée par la famille, mais elle l'est par la commune ou par l'État; or, comme la commune ou l'État ne paye qu'avec l'argent fourni par les familles, il en résulte que ce sont toujours les familles qui payent indirectement l'instruction. Il y a néanmoins, sous ce rapport, une remarque importante à faire, c'est qu'une famille paye souvent pour une autre famille, ce qui est fort juste s'il s'agit d'une famille pauvre et de l'instruction primaire communale ; mais la justice fait place au privilége dès que la charité, comme cela se voit trop souvent, s'applique à l'instruction de luxe ou à une famille aisée. Le système de gratuité n'est donc qu'une utopie ; la question est seulement de savoir s'il convient de déguiser ainsi sous le nom de *gratuité* la charité et la communauté ; nous ne le pensons pas ; nous croyons, au contraire, que, pour rester dans le domaine de la vérité et éviter toute équivoque, il faut appeler chaque chose par son nom et que chaque commune doit faire, directement et sous le régime de la communauté, les frais de l'instruction communale.

Le choix de l'instituteur communal est une chose sérieuse et grave, parce que c'est à l'école que les enfants puisent les principes qui doivent les guider plus tard dans les divers âges de la vie. Deux courants opposés se partagent aujourd'hui, sous ce rapport, les opinions : les uns voudraient partout des instituteurs laïques et les autres partout des instituteurs religieux. Les deux systèmes, absolus, sont également mauvais parce qu'ils ont pour base le despotisme. C'est aux conseils municipaux, délégués et gardiens naturels des intérêts des communes, qu'appartient le choix des instituteurs. Procéder autrement, ce serait à la fois confisquer la liberté municipale et créer inutilement dans les communes une source incessante de divisions, de difficultés et de conflits.

Dans le choix de tout instituteur communal, il faut considérer l'homme et l'enseignement. Pour donner l'instruction communale, il n'est pas nécessaire d'être très-savant : cependant l'université a aujourd'hui une tendance démesurée à fournir aux communes des instituteurs savants. C'est une faute dont il est utile de prévoir les conséquences. La capacité est sans doute la première garantie que doit offrir tout instituteur ; mais cette capacité doit être sagement mesurée au but qu'on se propose d'atteindre, et, de toutes les qualités nécessaires aux instituteurs communaux, l'instruction est peut-être celle qui fait le moins souvent défaut. Un instituteur savant, en général, pédant ou peu modeste, veut trop souvent mener la commune, est exigeant sous le rapport de la rémunération, néglige les éléments qu'il doit enseigner, pour se lancer dans les régions supérieures de l'histoire, de la géographie et de la littérature, et son enseignement, utile peut-être à quelques-uns, est inutile au plus grand nombre. Dans ces cas, très-fréquents, le but est manqué ; l'intérêt de tous est sacrifié à l'intérêt de quelques-uns.

Les qualités qu'il faut avant tout rechercher chez un instituteur communal sont : la modestie, la moralité, la piété et le dévouement. Avec une instruction moyenne, un instituteur modeste, moral, pieux et dévoué sera généralement supérieur à un instituteur plus savant, moins modeste, moins moral, moins pieux et moins dévoué.

Les qualités nécessaires à un bon enseignement communal peuvent également se trouver dans l'ordre laïque et dans l'ordre religieux. Aucun de ces deux ordres ne doit être systématiquement exclu ; il faut prendre les bons instituteurs partout où on les trouve. Mais, il faut le reconnaître, les religieux, en général, sont plus aptes à l'enseignement que les laïques, non pas parce qu'ils sont plus instruits — ils le sont souvent moins — mais bien parce que, en même temps qu'ils sont plus désintéressés et moins exigeants sous le rapport du traitement, ils sont aussi plus modestes, plus moraux, plus pieux et plus dévoués. La raison de cette différence est facile à comprendre : l'homme ne se fait religieux que par vocation ; ses besoins sont très-limités, et n'ayant pas de famille, il en trouve une dans les élèves à l'éducation desquels il se consacre tout entier ; tandis que les laïques ne deviennent guère instituteurs que pour se créer une position lucrative ; en outre, si l'instituteur laïque est garçon, il cherche une famille, et dès qu'il a une famille, il lui consacre, au détriment de ses élèves, une partie de son temps, de son dévouement et de son affection.

On aurait beau faire des lois et des règlements restrictifs, l'enseignement religieux sera toujours, toutes choses égales d'ailleurs, supérieur à l'enseignement laïque. Néanmoins, répétons-le avant de quitter ce terrain : pas d'exclusion systématique ; ce serait la ruine de l'émulation dans l'enseignement, l'exclusion d'un système au profit d'un autre, le despotisme et le privilége mis à la place de la liberté et de la concurrence. Chaque commune doit être libre de choisir son instituteur dans l'ordre laïque ou dans l'ordre religieux, et chaque famille d'envoyer ou de ne pas envoyer ses enfants à l'école communale.

L'instruction primaire destinée aux enfants, qu'il faut favoriser et encourager par tous les moyens légitimes, sans jamais toucher à la liberté de la famille, est la seule instruction qu'il soit logique et possible de soumettre à ce genre de communauté. Au-dessus de ce degré, il faut laisser à chacun la charge directe et absolue de l'instruction de ses enfants; il n'y a qu'un cas qui puisse légitimer une exception à cette règle, c'est celui où la capacité exceptionnelle d'un enfant pauvre ferait pressentir en lui un homme de génie. Dans ce cas, bien rare d'ailleurs, c'est à la commune, au canton ou au département, mais jamais à l'Etat, que doit être réservé l'honneur de cette bonne action.

Organisez largement l'instruction nécessaire à tous les enfants sous le régime de la communauté municipale; supprimez, *absolument*, dans tous les établissements de l'Etat, les bourses et les trousseaux qui ne sont qu'une charité déguisée sous le nom de gratuité, qu'un moyen détourné mis en usage par les gouvernements despotiques, pour se créer des partisans ou récompenser des services personnels. Ce sont les gouvernements qui recueillent le fruit de cette charité, mais c'est le peuple qui en fait indirectement les frais, et cette charité est trop souvent un scandaleux exemple, parce que ceux qui en sont l'objet sont généralement plus aisés que le plus grand nombre de ceux qui y ont pris part.

Savez-vous quels sont les résultats les plus certains de cette charité déguisée? le favoritisme et le népotisme, la corruption et le privilége, l'accroissement des dépenses publiques au profit des intrigants et au détriment du peuple, la destruction progressive de la famille et la création d'une catégorie formidable de gens médiocres, déclassés, vénaux ou révolutionnaires, voulant arriver à tout prix à des positions élevées, qu'ils sont trop souvent incapables d'acquérir par le travail et la conduite, à plus forte raison d'occuper dignement.

Il est dans la nature humaine que les parents aiment d'autant plus leurs enfants qu'ils font pour eux plus de sacrifices, et que les enfants aiment d'autant plus leurs parents que ceux-ci se sont plus gênés pour élever leur condition sociale. Respectons donc cette loi si sage de la nature; renonçons absolument au système corrupteur et déshonorant de charité déguisée; que la famille qui veut franchir, au profit de ses enfants, la limite naturelle de ses ressources, se gêne, pour subvenir, par l'ordre et l'économie, sans la charité publique, aux dépenses extraordinaires qu'entraînent les études supérieures. Tel est, autant dans l'intérêt des familles et des enfants que dans celui de la morale et du peuple, le seul moyen de rentrer dans la vérité, de reconstituer la famille aujourd'hui presque détruite, de rappeler aux parents ce qu'ils doivent à leurs enfants et aux enfants ce qu'ils doivent à leurs parents.

Supprimer absolument le système de charité dans les établissements de l'Etat; conserver au gouvernement la haute surveillance de l'instruction; favoriser la libre concurrence à tous les degrés de l'enseignement; ne pas délivrer les diplômes sans de sérieuses garanties de capacité, mais ne pas obliger à quatre ou cinq ans d'études celui qui peut les faire en moins de temps; organiser l'instruction nécessaire à tous sous le régime de communauté, et appliquer la liberté complète à tous les degrés et à toutes les formes de l'enseignement et de l'instruction avec des garanties sérieuses pour la collation des grades, voilà la vérité, l'ordre naturel, la morale, la justice, l'égalité. En dehors de cette liberté et de ces garanties, il n'y aurait jamais que privilége, injustice, despotisme et corruption.

V. *Administration de la défense nationale.*

Un ministre de la guerre effacé et des bureaux routiniers, des directeurs omnipotents et des comités annihilés, l'administration des corps de troupes partagée entre le commandement et l'intendance, la direction de divers services réunie dans la même main et exercée par des hommes étrangers au service et par suite incompétents, des régiments réduits aux deux tiers ou à la moitié de leur effectif, une garde nationale sans armes et une garde mobile en perspective, telle était l'organisation incohérente de notre défense nationale avant la guerre; organisation qui devait, presque fatalement, nous conduire aux désastres que nous avons subis; désastres qui pouvaient *seuls* ouvrir les yeux à la France et lui prouver l'impérieuse et urgente nécessité d'une réorganisation radicale de son armée, ayant pour bases : 1º les intérêts généraux du pays et non les intérêts privés; 2º l'unité de commandement et non la dualité; 3° la compétence en fait de direction et non l'incompétence; 4° la séparation de la direction et du contrôle et non leur réunion dans la main du même individu.

En effet, tout n'est qu'anomalie ou équivoque dans l'organisation actuelle de notre armée; pour s'en convaincre, il n'y a qu'à jeter un coup d'œil sur l'institution de la compagnie, qui est l'unité dans les corps de troupes, au double point de vue du commandement et de l'administration.

Presque tous les officiers d'avenir sortent des écoles. En arrivant dans les régiments comme sous-lieutenants, n'ayant pour ainsi dire rien à faire, ils perdent l'habitude du travail, passent la meilleure partie de leur temps au café ou à dormir, et ils arrivent au grade de capitaine sans connaître les détails administratifs de la compagnie. Une fois placé à la tête d'une compagnie, le capitaine la commande, mais il ne l'administre qu'avec le concours du sous-intendant qui n'en sait pas plus que lui et qui en a également le contrôle. Avec cette étrange disposition, qui fait arriver les officiers au grade de capitaine sans connaître les détails administratifs des corps, qui confère au sous-intendant, chargé de contrôler, une part dans l'administration, il est aisé de comprendre qu'il ne puisse y avoir dans les compagnies ni administration efficace, ni responsabilité réelle, ni contrôle effectif : il n'y a ni administration ni responsabilité efficaces, parce que l'administration est partagée, et il n'y a pas de contrôle effectif, parce que le sous-intendant chargé du contrôle en est aussi l'un des administrateurs. Et, comme la même anomalie se reproduit systématiquement à tous les degrés de la hiérarchie, il en résulte que tous les officiers arrivent au grade de général sans avoir réellement administré ni un régiment, ni un bataillon, ni une compagnie; c'est-à-dire qu'il n'y a en réalité dans notre armée ni vraie direction ni vrai contrôle.

Cette immixtion des agents du contrôle dans la direction des services, outrageante pour l'armée qui la subit et qui rappelle les temps les plus reculés de la féodalité, est la seule cause pour laquelle les officiers du commandement restent étrangers à l'administration des corps de troupes. L'absence d'administration efficace qui résulte de cette abstention forcée est la cause principale sinon exclusive de nos revers, du désordre et du gaspillage que l'on rencontre partout et dont la dernière guerre vient de fournir de si douloureux exemples.

Personne n'étant plus à convaincre de la mauvaise organisation de notre armée et de l'impérieuse nécessité de l'organiser à nouveau, sur des fondements rationnels et pratiques, nous n'avons ici qu'à poser sommairement les bases d'un système fondé sur le principe de l'égalité et devant répondre à toutes les éventualités intérieures et extérieures.

Des hommes sincères, mais aussi étrangers à la guerre qu'à la politique, proposent la suppression de l'armée permanente et de n'avoir pour armée que la garde nationale. Ce sont là peut-être une respectable utopie et une généreuse illusion, mais toujours une utopie et une illusion. En effet, supprimer l'armée permanente, ce serait supprimer l'armée et créer un danger permanent; n'avoir que la garde nationale pour armée, ce serait posséder beaucoup de soldats sans armée, à moins de transformer la garde nationale en armée permanente; mais alors la France, à la discrétion de la force armée et manquant de bras pour les travaux productifs, consommerait elle-même volontairement la fin de sa ruine!

N'en croyez ni les démagogues, qui ne demandent au peuple que sa faiblesse pour usurper plus facilement le pouvoir, ni les utopistes, malgré la pureté de leurs intentions : il faut à la France, si elle ne veut pas cesser de vivre, une armée et une garde nationale; et si une armée et une garde nationale sont nécessaires à son existence, il faut que la première soit permanente et que la seconde soit une réserve, instruite et toujours prête à marcher, mais pouvant en temps de calme et de paix, se consacrer tranquillement, sans souci de la sécurité générale, aux soins de la famille et aux travaux productifs.

On peut réduire de beaucoup l'armée permanente sans compromettre la force du pays; mais la supprimer, jamais! L'instruction des recrues, l'ordre intérieur et la sécurité des frontières exigent son existence. La suppression de l'armée permanente serait notre suicide, et la France ne doit pas se suicider. Que les défaites subies par nous soient un enseignement et non une cause de désespoir; car si la France a eu des revers, ce n'est pas la faute des Français, ils n'ont rien perdu de leur ancienne valeur; toujours ils seront supérieurs, comme soldâts, aux soldats des autres nations ; c'est uniquement la faute de l'organisation qui est défectueuse dans toutes ses parties, depuis la base jusqu'au sommet.

Disons quelques mots sur le recrutement.

Deux principes sont applicables au recrutement d'une armée ; le principe du service *volontaire* et le principe du service *obligatoire*.

Le premier, fondé sur la liberté, serait le meilleur sous tous les rapports, s'il suffisait pour donner satisfaction aux besoins du pays ; mais comme en France il a toujours été insuffisant, il a fallu constamment recourir au second.

Le service obligatoire, fondé sur un principe supérieur, la *nécessité*, est d'ailleurs le principe le plus juste et celui qui concilie le mieux la liberté avec l'égalité, le droit avec la force. En effet, puisqu'on admet l'urgence de l'impôt du sang, il serait injuste qu'il ne retombât pas également sur tous.

Le principe du service obligatoire nous semble simple, juste, logique et pratique ; son application ne saurait soulever aucune objection légitime, attendu qu'il a pour base l'égalité et pour conséquence une bonne et solide armée. Mais, comme en France on n'a procédé jusqu'à présent que par des demi-mesures, et qu'on n'a jamais su dégager la liberté du despotisme, l'égalité du privilége, le principe obligatoire a été sans cesse éludé ou faussé par le système bâtard de la conscription et du remplacement ; système injuste, immoral, qui déguise le privilége sous le double masque de la liberté et de l'égalité, qui prolonge outre mesure la présence des appelés sous les drapeaux, et qui, en définitive, dispense du service militaire, c'est-à-dire de l'impôt du sang, les riches ainsi que, sous l'élastique prétexte de soutiens de famille, bien d'autres jeunes gens parfois fort peu intéressants.

Afin de ne pas déserter la vérité et d'arborer résolument la bannière du vrai progrès, il faut, ici comme ailleurs, nous placer sur le vrai terrain des principes et abandonner celui des expédients. Le principe du service obligatoire étant le seul juste et pratique, il faut l'adopter ; mais si l'on veut lui faire produire tout le bien dont il est susceptible, il importe qu'il soit rigoureusement appliqué :

Tout Français valide, sans exception, doit être soldat. La

durée du service obligatoire serait fixée à trois ans, *sans autres exceptions que celles exigées par les besoins des autres services publics*. En rentrant dans ses foyers, le soldat ferait partie de la réserve, qui serait divisée par catégories selon l'âge. Les jeunes gens, munis des titres universitaires exigés pour entrer dans les écoles de l'État, pourraient quitter le service actif après un an de présence sous le drapeau, si leur instruction militaire était reconnue suffisante, à la condition de contracter l'engagement de rester dix ans dans la carrière choisie, ou de compléter le service obligatoire de trois ans dans l'armée, s'ils manquaient à leur engagement.

Telles sont les bases du seul système de recrutement applicable à l'armée française, si la France veut conserver désormais en Europe le titre et le rang de grande puissance et s'épargner toute invasion étrangère.

Ce système, à la fois naturel, logique, juste, moral, également favorable aux intérêts généraux du peuple et de la défense nationale, ne présente aucun inconvénient sérieux et offre les précieux avantages : 1° de fusionner toutes les classes du peuple et de moraliser l'armée par cet intime rapprochement ; 2° d'améliorer la race au double point de vue physique et moral, en fortifiant la constitution de la jeunesse et en lui apprenant l'ordre, la soumission, la discipline, la sobriété et le travail ; 3° de faire naître ou développer la vocation des armes chez beaucoup de jeunes gens qui, sans cela, n'y auraient jamais songé, et qui auraient infailliblement passé leur vie dans l'oisiveté ou du moins sans rendre aucun service au pays ; 4° de pouvoir, selon les circonstances, porter l'effectif de l'armée active à un ou deux millions d'hommes, ou le réduire à cent mille, sans désarmer, c'est-à-dire sans cesser d'instruire au métier des armes tous les hommes propres au service militaire. Dans ce dernier cas, l'armée permanente serait plutôt une armée d'instruction que de défense, et le moyen d'opérer cette réduction, sans toucher à la durée légale du service obligatoire, consisterait tout simplement à réduire le temps passé sous le drapeau à deux ans, dix-huit mois, un an, ou à renvoyer les hommes dans leurs foyers, dès que leur instruction militaire serait reconnue suffisante.

Adopter, pour le recrutement de l'armée, le principe du ser-

vice obligatoire, et verser dans la réserve les hommes libérés
du service actif; exiger des examens plus rigoureux et des
études plus complètes pour entrer à Saint-Cyr; confier au
pouvoir exécutif la nomination à tous les grades, soit dans
l'armée active, soit dans la réserve, car l'élection ne sera
jamais qu'une cause de désordre, d'indiscipline et de faiblesse;
simplifier l'administration au lieu de la compliquer; rétablir
la discipline, aujourd'hui si relâchée, par l'application rigoureuse des lois militaires; ramener l'unité dans le commandement et faire fonctionner tous les services spéciaux sous son
autorité directe; séparer du commandement et de l'administration le contrôle et rendre celui qui commande responsable
de son administration; supprimer le corps actuel d'état-major
et le réorganiser de telle façon que les officiers de ce corps n'arrivent pas au grade de général sans avoir successivement commandé et administré une compagnie, un bataillon, un régiment; supprimer le corps actuel de l'intendance, dont le
moindre inconvénient est celui d'être inutile, et organiser sous
ce nom, ou mieux sous celui de pourvoirie, d'après les mêmes
bases que l'artillerie et le génie, les services actuels des sub-
sistances, de l'habillement et du campement; augmenter l'effectif de l'artillerie et diminuer celui de la cavalerie; créer une
école spéciale d'administration analogue à l'école d'état-major;
supprimer le cadre de réserve, le traitement de la Légion
d'honneur et tous les autres priviléges attachés à l'armée; créer
un service spécial de santé, d'après les mêmes bases que les
services de l'artillerie et du génie; former un service spécial de
contrôle indépendant du commandement, ou mieux, rattacher
à l'inspection des finances le contrôle de tous les services de
l'armée; supprimer dans la compagnie le sergent-major et le
fourrier et en faire remplir les fonctions par le lieutenant et le
sous-lieutenant; supprimer dans les régiments le major, et en
faire remplir les fonctions par le lieutenant-colonel; supprimer
les directeurs au ministère de la guerre et confier aux comités
particuliers la direction générale du service; créer un comité
central de la guerre présidé par le ministre et composé des
présidents de tous les comités particuliers; simplifier les uni-
formes et donner à tous les corps le pantalon garance qui serait
le signe distinctif de l'uniforme de l'armée française; telles

sont les bases fondamentales d'une organisation simple, logique, sérieuse, qui permettrait à l'armée française, aujourd'hui peu disciplinée et impuissante, de redevenir avant peu la première armée du monde.

CHAPITRE QUATRIÈME.

RÉSUMÉ ET CONCLUSIONS.

I. La France, dévoyée, n'a plus aujourd'hui qu'un gouvernement provisoire d'origine révolutionnaire et toutes ses institutions sont complétement écroulées. Veut-elle vivre et se relever de ses ruines? il lui faut dès lors un gouvernement définitif et des institutions nouvelles.

II. Il y a deux espèces de gouvernement : le gouvernement *despotique* fondé sur la souveraineté du chef de l'État et le gouvernement *libéral* ayant pour base la souveraineté du peuple.

III. Chacun de ces gouvernements peut exister sous deux formes différentes : la *République* et la *Monarchie*.

IV. La République et la Monarchie peuvent être *despotiques* ou *libérales; despotiques* lorsque le chef de l'Etat, souverain, impose ses volontés au peuple ; *libérales* quand le chef du pouvoir exécutif est le mandataire du peuple souverain.

V. La République et la Monarchie sont légitimes, vraies, naturelles ou légales lorsqu'elles ont pour base : la première l'élection du président, la deuxième l'hérédité du monarque. Elles sont fausses, bâtardes, artificielles ou illégales quand elles sont imposées au peuple, sans son consentement préalable, par la force, la ruse ou la terreur.

VI. La République, fondée sur l'élection libre du chef du pouvoir exécutif, et la Monarchie basée sur l'hérédité du monarque sont les deux seules formes de gouvernement rationnelles, légitimes, compatibles avec la civilisation et les progrès humains. En dehors de la Monarchie et de la République légitimes, il n'y a que des gouvernements faux, bâtards, révolutionnaires, flottant sans cesse entre deux principes opposés, sans pouvoir se reposer sur aucun, et fatalement condamnés à périr en conduisant le peuple à la décadence matérielle et morale.

VII. Maître aujourd'hui de ses destinées, le peuple français n'hésitera pas à repousser le gouvernement despotique et à fixer son choix sur le gouvernement libéral, qui seul peut relever la France de ses ruines et lui rendre sa grandeur.

VIII. Si la France veut vivre et reconquérir sa puissance, elle n'a donc le choix qu'entre la vraie République et la vraie Monarchie.

IX. A proprement parler, il n'y a ni institutions républicaines ni institutions monarchiques ; il y a seulement des intitutions despotiques et libérales, et les institutions le plus libérales comme le plus despotiques se concilient aussi bien avec la République qu'avec la Monarchie, avec la Monarchie qu'avec la République.

X. C'est donc entre la vraie République libérale et la vraie Monarchie libérale que le choix du peuple doit s'exercer, sans perdre de vue toutefois que si, en théorie, les deux formes de gouvernement peuvent être également libérales, la Monarchie, à cause de sa stabilité et de sa perpétuité naturelles, peut l'être en pratique, plus facilement que la République.

XI. Attacher une importance capitale ou de premier ordre à telle ou telle forme de gouvernement, est une puérilité ou un crime, parce que les bonnes institutions font *seules* les bons gouvernements. Ayons donc d'abord de bonnes institutions, puis le peuple comprendra sans peine qu'il n'a qu'un intérêt bien secondaire et pour ainsi dire platonique à ce que son gouvernement porte le nom de République ou de Monarchie, que le chef du pouvoir exécutif s'appelle roi ou président.

XII. Pour qu'un gouvernement soit libéral, il faut donc d'abord avoir des institutions libérales.

XIII. La liberté, le consentement libre du peuple et les intérêts généraux de la nation constituent les bases de toute bonne institution. Ces trois principes doivent se retrouver au fond de toutes nos institutions ; car toute infraction à cette règle serait une porte sans cesse ouverte au despotisme.

XIV. *Administration centrale ou intérieure.* Faire nommer : 1° les conseils municipaux par le suffrage universel direct et tous les maires sans exception par les conseils municipaux ; 2° les conseils cantonaux par les conseils municipaux ; 3° les conseils généraux par les conseils cantonaux ; 4° les députés par les conseils généraux ; 5° le chef du pouvoir exécutif — si la France adopte la République — par l'Assemblée nationale ; 6° le président de chaque assemblée par les membres de l'Assemblée. — Charger l'Assemblée nationale du choix entre la république ou la monarchie libérale, et faire ratifier le vote de l'Assemblée par le suffrage universel direct.

XV. *Administration de la justice.* Avoir de bonnes lois, les appliquer avec indépendance, et les exécuter avec rigueur. — Etablir l'unité de direction dans la magistrature, en supprimant l'autorité du ministère public et en confiant aux présidents la responsabilité de l'administration de la justice. — Débarrasser la magistrature de tout ce qui se rapporte à la politique et à la police. — Organiser fortement la justice cantonale, départementale et nationale. — Supprimer tous les tribunaux d'arrondissement et toutes les cours d'appel. — Ne recruter les magistrats que parmi les hommes mûris par l'âge et l'expérience, intègres, indépendants et capables. — N'établir, à l'égard d e leur traitement, d'autre différence que celle exigée par la cherté de la vie selon les lieux.

XVI. *Administration des cultes.* Liberté de conscience sans séparer l'Église de l'État. — Maintenir le catholicisme comme religion de l'État, tout en accordant la même protection aux autres cultes. — Assurer au clergé séculier une existence honorable mais modeste, et la liberté aux corporations religieuses comme à toutes les autres corporations.

XVII. *Administration de l'enseignement.* Liberté de l'enseignement à tous les degrés et à toutes les formes de l'instruction. — Instruction primaire communale placée sous le régime de la communauté. — Au-dessus de l'instruction communale, laisser à chaque famille la charge directe et absolue de l'instruction et de l'éducation de ses enfants. — Renoncer absolument, dans tous les établissements de l'État, au système de charité déguisée sous le nom de gratuité. — Conserver à l'État la haute surveillance de l'enseignement ainsi que la collation des grades universitaires.

XVIII. *Administration de la défense nationale.* Avoir une armée permanente et une réserve. — Adopter le principe du service obligatoire pour le recrutement de l'armée et verser dans la réserve, divisée en catégories selon les âges, les soldats libérés du service actif. — Établir, dans l'armée et dans la réserve, l'unité de commandement et d'administration. — Séparation absolue de la direction et du contrôle. — Fonctionnement de tous les services, sauf celui du contrôle, sous l'autorité directe du commandement. — Créer un service de santé et un service de pourvoirie, indépendants l'un de l'autre, d'après les mêmes bases que les services de l'artillerie et du génie. — Organiser les corps de troupes et le corps d'état-major, de manière que les officiers n'arrivent jamais au grade de général sans avoir successivement commandé et administré une compagnie, un bataillon et un régiment. — Attribuer au pouvoir exécutif, dans la réserve comme dans l'armée active, la nomination à tous les grades.

XIX. *Autres institutions.* Appliquer les mêmes principes à l'organisation de toutes les institutions secondaires.

XX. Avec une organisation générale fondée sur ces bases, la France, aujourd'hui frémissante de honte et de faiblesse, courbée sous le joug tyrannique du despotisme révolutionnaire, se relèvera promptement de sa chute préparée par 80 ans de révolution, reprendra, plus glorieuse que jamais, son rang providentiel dans le monde ; le triomphe de la justice et du droit n'étant qu'une question de temps et de patience, elle verra l'Alsace et la Lorraine, brutalement arrachées à ses entrailles, lui revenir un jour, sans autre guerre que la guerre pacifique du travail et de l'industrie, de l'ordre moral et du bien-être matériel, fruits précieux d'un gouvernement légitime et de nos institutions franchement libérales ; car ces deux provinces chéries, allemandes de fait, ne le deviendront jamais de cœur, à moins que la mère patrie, définitivement frappée d'aveuglement ou de vertige, ne continue à se débattre, impuissante, dans le gouffre toujours béant du despotisme et de la révolution.

Paris. — Imprimerie de E. DONNAUD, rue Cassette, 9.